Gymnastizierung von Gangpferden

GYMNASTIZIERUNG VON GANGPFERDEN

AUSBILDUNG MIT TAKT UND VERSTAND

Von
Andrea Jänisch
und Kaja Stührenberg

CADMOS

Gestaltung: Ravenstein Brain Pool, Berlin
Titelfoto: L. Lenz
Fotos: L. Lenz, U. Kraft, C. Slawik, T. Ruthof, I. Hohe, A. Peters, Kapitzke, U. Steinbeis, Fleming Foto, N. v. Gersdorff, S. Stuewer, K. Stührenberg, T. Kunze, Schmitt
Zeichnungen: Esther von Hacht
Druck: LVDM, Linz

Printed in Austria

ISBN 978-3-86127-412-4

INHALT

VORWORT
VON RICHARD HINRICHS

Gymnastizierung von Gangpferden – nur ein Thema für einen kleinen Kreis von Theoretikern ohne Bedeutung für die Praxis?

Zu diesem Ergebnis könnte man kommen, wenn man den Anpreisungen mancher erfolgreicher Verkäufer im Gangpferdebereich vorbehaltlos Glauben schenken würde. Erfahrene Reiter wissen dagegen, dass es schon unter Sicherheitsaspekten notwendig ist, Gangart, Tempo und Bewegungsrichtung des Pferdes zuverlässig bestimmen zu können. Und optimal bestimmbar ist es bei diesen Anforderungen nur, wenn es sich in einen Zustand versetzen lässt, in dem es auf die reiterlichen Einwirkungen wunschgemäß reagiert. Hilfreich können dafür gymnastizierende Übungen sein. Gegenstand des vorliegenden Buches sind die Kausalzusammenhänge, die dabei zu beachten sind.

Die Autorinnen haben ihre Erfahrungen als erfolgreiche Ausbilderinnen von vielen Pferden unterschiedlicher Rassen in die Schilderung einfließen lassen. Insofern bietet das Buch nicht nur für die Ausbildung von Gangpferden wertvolle Anregungen. Dem Leser wird damit zwar nicht die Mühe abgenommen, die mit dem Erlernen des Reitens verbunden ist, jedoch können die beschriebenen Erkenntnisse den Umgang mit dem Pferd erleichtern und guten Reitunterricht wirksam unterstützen. Da das Buch über gangpferdespezifische Gesichtspunkte hinaus viele praxisrelevante Feinheiten enthält, die nicht in jeder Reitlehre zu finden sind, ist ihm eine weite Verbreitung zu wünschen – zum Wohle des Pferdes und zur Freude des Reiters!

Richard Hinrichs

Richard Hinrichs

EINLEITUNG

Gerne würden wir an dieser Stelle sagen, dass Gangpferdereiten ganz einfach sei: „Man zupfe hier und treibe dort und schon töltet's". Wäre doch prima, oder? Die Realität sieht jedoch anders aus. „Kochrezepte" sind in der Reiterei – und gerade beim Gangpferd – kaum anzuwenden. Was wir daher gerne vermitteln möchten, ist ein Verständnis für das Wesen Gangpferd an sich, für seine Besonderheiten und wie sie zu berücksichtigen sind.

Es gibt sehr viele gute Bücher, die sich mit der klassischen Form der Gymnastizierung des Pferdes beschäftigen. Viele von ihnen (siehe Kapitel „Zum Weiterlesen") sind uns Wegweiser und Meilensteine auf dem Weg zu einer gesunden und pferdegemäßen Ausbildung. Was wir in ihnen jedoch kaum finden, sind Hinweise auf den Umgang mit gangveranlagten Pferden. Tölt und Pass werden zwar erwähnt – sie sind also offensichtlich existent – aber wie sie in die Ausbildung einbezogen werden, ist nicht ersichtlich.

Aus diesem Grund gibt es dieses Buch. Der Tölt und seine Varianten existieren. Und das schon seit Jahrhunderten und rund um die Welt. Sie sind weder „handgemacht" noch angezüchtet noch erzwungen. Sie sind ebenso natürlich wie Schritt, Trab und Galopp. Von daher müssen wir lernen, diese Gangvarianten in den Rahmen pferdegemäßer Gymnastizierung zu stellen.

Insofern verstehen wir uns als eine Ergänzung zu klassischen Lehren. Hier finden sich keine Grundlagen der Hilfengebung oder der verschiedenen Lektionen. Dieses Buch greift vor allem die Aspekte heraus, in denen die Ausbildung eines Pferdes mit Gangveranlagung von der klassischen Gymnastizierung abweicht. Wir möchten ausdrücklich betonen, dass sie sich in vielen Teilen der Hilfengebung, des Sitzes und der gesunden Gymnastizierung nicht unterscheidet. Gutes, pferdegerechtes Reiten bleibt gutes, pferdegerechtes Reiten! An manchen Stellen stößt der Reiter jedoch an Grenzen oder Probleme, die er mit einem dreigängigen Pferd (Schritt, Trab und Galopp) nicht hätte. Diese Eigenheiten und den Umgang mit ihnen möchten wir hier beschreiben.

Wenn wir das Wort Tölt häufiger verwenden als andere Taktvarianten oder einige Gangpferdrassen häufiger erwähnen, ist das keine Wertung, sondern einfach aus den Schwerpunkten der Arbeit entstanden. Letztendlich geht es ja vor allem um das Verstehen der zugrundeliegenden Prinzipien, gleich ob im Tölt, Singlefoot oder Paso Llano, gleich ob beim Campolina, Paso Iberoamericano oder Isländer.

Dem Leser, der gerne quer liest, möchten wir das Kapitel „Gymnastizierung oder Dressur?" ans Herz legen. Es vermittelt in wenigen Worten recht viel von der Einstellung, die hinter diesem Buch steht.

Ausreiten mit Gangpferden: bequem und fröhlich.
Foto: L. Lenz

DAS GANGPFERD

BESONDERHEITEN IM VIERTAKT

Die Besonderheit des Gangpferdes liegt zweifelsohne in seinen für den Reiter so bequemen Gangarten. Es ist schon ein außergewöhnlicher Genuss mit seinem Gangpferd weich und sicher – oder auch spektakulär und schnell – durch den Wald zu gleiten.

Das rührt neben der Bequemlichkeit auch aus dem Wesen der Viertakt-Gangarten: sie sind überwiegend quirlig und extrovertiert. Sie strahlen Munterkeit und Lebensfreude aus, die sich leicht auf den Reiter übertragen.

Neben diesen „Genussfaktoren" unterscheidet sich das Gangpferd aber noch in einigen anderen Aspekten von anderen Pferden. Diese Punkte müssen bei seiner Ausbildung berücksichtigt werden.

- Ein Nicht-Gangpferd hat im mittleren Tempobereich nur die Auswahl Trab: Treibt der Reiter sein Pferd aus dem Schritt an, so wird es voraussichtlich in den Trab fallen. Das ist dann vielleicht kein schöner Trab, aber es ist Trab. Treibt der Gangpferdereiter sein Pferd aus dem

Natürliche, hohe Aufrichtung im Viertakt. Zweijähriger Paso Peruano Soante KCO im Paso Llano. Foto: U. Kraft

Schritt an, so hat es im mittleren Tempobereich eine Variationsbreite vom Pass über den klaren Viertakt bis zum Trab inklusive aller Zwischenstufen und Taktfehler.

- Verglichen mit dem Trab, einem Zweitakt in vier Phasen, liegt den Viertakt-Gangarten ein komplizierteres Bewegungsmuster zu Grunde: Es ist ein Viertakt in acht Phasen, der sich je nach Tempo oder Betonung lateraler oder diagonaler Stützphasen in vielerlei Richtungen verschieben kann.
- Das Gangpferd reagiert in all seinen Gangarten, nicht nur im Viertakt, sehr deutlich auf Spannungsveränderungen. Das zwingt den Reiter, ein sehr differenziertes Gefühl für Spannungen im Pferd zu entwickeln. Unerwünschte Trab- oder Passverschiebungen können sowohl durch zu viel als auch durch zu wenig Spannung im Pferd entstehen.
- Korrekte Biegungen im Viertakt produzieren sehr leicht Taktfehler, beispielsweise eine Galopprolle, weil das äußere Beinpaar in der lateralen Zweibeinstütze in der Biegung einen um die Breite des Pferdes längeren Weg hat als das innere Beinpaar. Das Pferd muss erst lernen, den längeren Weg zu kompensieren.
- Das Becken des Reiters führt im Viertakt eine Art umgekehrte Achterrotation aus. Der Reiter muss von seinem Sitz her diese Bewegung locker fließen lassen.
- Viertakt-Gangarten werden in einer sehr hohen Frequenz ausgeführt. Sie haben etwa die doppelte Frequenz des Trabes.
- Aufgrund ihrer spezifischen Spannungssituation beinhalten die Viertakt-Gangarten häufig von Natur aus eine recht hohe Aufrichtung.

Wie mit diesen Besonderheiten umgegangen wird, wird in den folgenden Kapiteln beschrieben.

Kommt der Gang aus dem Gebäude?

Beim Gangpferd ging man viele Jahre davon aus, dass das Gebäude des Pferdes für das Vorhandensein von Gangveranlagung verantwortlich sei. So wurde zum Beispiel die häufig steil abfallende Kruppe des Isländers als sicheres Indiz für Tölt-Veranlagung gesehen. Heute, wo man bei vielen verschiedenen Rassen die Gangveranlagung wahrnimmt, wird das Gebäude dafür nicht mehr hauptverantwortlich gemacht. Die Möglichkeiten zum Tölten, Walken oder Foxtrotten sind vielmehr an ein Bewegungsmuster gebunden, das genetisch angelegt ist (siehe Kapitel „Genetik"). Die Umsetzung dieser genetischen Veranlagung kann vom Gebäude des Pferdes unterstützt oder behindert werden. Das heißt, die individuelle Ausprägung des Ganges – sei er hoch, flach, kurz, energisch oder schleppend – ist gebäudeabhängig.

Gebäudebeurteilung ist ein sehr komplexes Thema, das jahrelange Erfahrung erfordert. Dies soll Aufgabe der Richter bleiben und nicht dieses Buches. Einige Punke, die für die Beurteilung des Gangpferdes wichtig sein können, möchten wir jedoch herausgreifen.

Das Gebäude eines Pferdes muss individuell mit Blick auf die Anforderungen beurteilt werden: Wo hat dieses spezielle Pferd seine Stärken und seine Schwächen? Was fällt diesem Pferd besonders leicht oder auch schwer? Man sollte sein Auge schulen und versuchen, ehrlich zu sein. Eine „rosarote Brille" geht zu Lasten des Pferdes, denn Objektivität ist eine wichtige Voraussetzung dafür, dem Pferd mit den reiterlichen Anforderungen nicht Unrecht zu tun: erkennt man, dass einem Pferd bestimmte Dinge körperlich schwer fallen, so kann man dem Pferd bei entsprechenden Lektionen mehr Zeit und Geduld entgegenbringen.

Fallbeispiel: Ein Töltender Traber tat sich ausgesprochen schwer damit, auf dem Zirkel zu tölten. Immer wieder fiel er über die äußere Schulter, verlor Takt und Balance. Ein Blick auf seine Hinterhand lieferte die Erklärung: Sie lief in einer außerordentlich breiten Spur. Dadurch schob sie zu viel in Richtung äußerer Schulter. Sie stand der Biegung quasi im Weg.

Vor allen Dingen sollte man die Beurteilung der Qualitäten eines Pferdes auf keinen Fall von seiner Schönheit abhängig machen. Denn ein Pferd kann auch schön sein, ohne bemerkenswert leistungsfähig zu sein – und umgekehrt. Harmonie, Gelöstheit und Geschmeidigkeit hängen in erster Linie von der Funktion des Nervensystems ab und danach erst von Gebäudemerkmalen. Selbst das beste und angemessenste Gebäude kann kaum funktionieren, wenn es von einem „gestörten" Nervensystem gesteuert wird. Ein Sprichwort der Traberzüchter lautet: „They win in all shapes." (Sie gewinnen mit jedem Gebäude.)

Kenntnisse der Gebäudebeurteilung tragen auch bei der Auswahl eines Pferdes dazu bei, die für die persönlichen Anforderungen richtige Wahl zu treffen.

Fallbeispiel: Ein Paar, das sehr engagiert seine Islandpferde ritt, stieß bei der Ausbildung immer wieder an exterieurbedingte Grenzen seiner Pferde. In diesem Falle war es der kurze, tief angesetzte Hals. Als sie sich daher nach anderen Pferden umsahen, war es verblüffend zu sehen, dass ihre Wahl immer wieder auf Pferde mit ähnlichen Gebäudemerkmalen fiel. Was ihre Entscheidung beeinflusste, war das Gefühl, sich auf gewohntem Terrain zu bewegen. Sie hatten die Qualitäten anderer Pferde einfach noch nicht erkannt, weil sie sich mit und auf ihnen fremd und unsicher fühlten. Bekannt und sicher waren eben auch die gleichen „Fehler".

Dieses Pferd hat ein harmonisches Gebäude. Foto: L. Lenz

Harmonie und Proportionen

Das Verhältnis der Körperteile und damit der Bewegungen zueinander bestimmt Ausdruck und Takt eines Pferdes. Rasseübergreifend ist daher zu sagen, dass eine generelle Harmonie der Körperteile zueinander wünschenswert ist, da sie Gangpotenzial und Reitqualitäten positiv beeinflusst.

Harmonie im Gebäude entsteht dann, wenn Vorhand, Rumpf und Hinterhand sich in ihrer optischen Gewichtung entsprechen, das heißt wenn Muskelvolumen, Länge und Winkelung der Knochen zueinander passen.

Ist das nicht der Fall, ist zum Beispiel im Verhältnis zu den anderen Körperteilen die Hinterhand überdimensioniert oder der Rücken zu lang, hat das Pferd Schwierigkeiten zu einem Gleichgewicht zu finden; seine Bewegungen sind unrund und ungleichmäßig.

Optische Gewichtung: die Vorhand des Pferdes wirkt zu klein; das Pferd ist überbaut mit etwas tief angesetztem Hals und steiler Schulter. Foto: L. Lenz

Hohe Aufrichtung im Viertakt: aktionsbetonte, steppende Bewegung. Paso Fino Bochica de Arrebol mit Andrea Jänisch. Foto: C. Slawik

Der Hals

Ein Pferd, das über einen hoch aufgerichteten, hoch angesetzten Hals verfügt, wie dies zum Beispiel bei Friesen oder American Saddlebred Horses der Fall ist, ist in der Lage, die Vorhand sehr hoch anzuwinkeln, das heißt die Vorderbeine nach oben anzuziehen. Für diesen Bewegungsablauf ist der Kopf-Hals-Armbeinmuskel verantwortlich, der vom Genick zur Schulter des Pferdes verläuft. Seine Ausrichtung geht bei Pferden mit hoch aufgerichtetem Hals annähernd senkrecht nach oben, während er beispielsweise bei einem Warmblut waagerechter angesetzt ist und dem Vorderbein eine Bewegung weit nach vorne ermöglicht. Anhand dieser zwei Pferdetypen kann man sehen, dass ein Pferd mit waagerecht aus der Schulter kommend angesetztem Hals in schnelleren, weiteren und raumgreifenderen Bewegungen besser zurechtkommt, während sich ein Pferd mit hoch aufgesetztem Hals, der steil aufgerichtet ist, in aktionsbetonten, steppenden, weniger raumgreifenden Bewegungen eher zu Hause fühlt.

Eine sehr hohe Aufrichtung im Viertakt kann daher mit weniger Tempo in diesem Gang einhergehen. Ist solch ein Hals jedoch mit einer starken Hinterhand kombiniert, kann der Gang sehr wohl bodengewinnend sein und die Bewegungen höchst ausdrucksvoll. Er ist jedoch wenig ökonomisch.

Ein tief angesetzter, kurzer Hals hat häufig Gleichgewichtsprobleme zur Folge. Das Pferd läuft auf der Vorhand. Es zeigt weniger Bewegungsweite und -höhe, weil die Schulter in ihrer Bewegungsfreiheit begrenzt ist. Ähnliches kann auch durch eine zu tiefe Einstellung und Haltung des Pferdes geschehen. Damit kann es manchmal zu Taktverschiebungen Richtung Pass kommen.

Ein kurzer Hals kann stabil bis unflexibel sein. Das hängt vom einzelnen Pferd ab. Im besten Falle trägt das Pferd sich damit sehr gut im Gleichgewicht. Im schlechteren Falle ist es fest im Genick, schwer zu stellen oder zu biegen und daher in Takt, Haltung und Rittigkeit schwierig zu beeinflussen.

Ein sehr langer Hals ist bei guter Form (konvex mit leichtem Genick) schön anzusehen, aber häufig auch sehr instabil. Es kann schwierig sein, das Pferd im Gleichgewicht und damit im stabilen Takt zu halten.

Die Oberhalsmuskulatur sollte ausgeprägt sein, damit der Kopf von oben gehoben werden kann und nicht von unten gestützt wird. Dementsprechend darf der Unterhalsmuskel nicht zu stark angespannt sein. Ein deutlich hervorgewölbter Unterhals – gleichgültig ob gebäudebedingt oder „angeritten" – wirkt sich negativ auf die Tragfähigkeit und Losgelassenheit des Pferdes aus.

Eine gute Schulterfreiheit ermöglicht hoch-weites Ausgreifen. Töltiberer (Lusitano) Bonitao de Cadaval mit Andrea Jänisch. Foto: L. Lenz

Die Schulter und Vordergliedmaßen

Steile Gliedmaßenstellungen finden sich bei Gangpferderassen, bei denen ein kurzer Bewegungsablauf gewünscht ist. So kann zum Beispiel ein Classic Fino Pferd auf eine steile Gliedmaßenstellung und auf eine schmale Spur der Hinterhand nicht verzichten, weil es sonst weder die hohe Bewegungsfrequenz mit den kurzen Bewegungen noch die erwünschte Wendigkeit erreichen würde.

Weite Gänge haben in aller Regel eine etwas längere bis lange Fessel, manchmal weich, verbunden mit einer langen und schrägen Schulter wie beim Paso Peruano. Idealerweise entsprechen sich Schulter- und Fesselwinkel zugunsten eines harmonischen Bewegungsablaufes.

Die Schulterfreiheit ergibt sich aus Länge und Winkel des Oberarms. Der Oberarm sollte möglichst rechtwinklig zur Schulter stehen. Je offener der Winkel zwischen Schulter und Oberarm

Die Länge des Unterarms beeinflußt die Bewegungshöhe und -weite. Missouri Foxtrotter Lobus Blue Lad mit Kaja Stührenberg. Foto: T. Ruthof

(größer als 90 Grad), desto mehr Schulterfreiheit hat ein Pferd. Das ermöglicht ihm ein hochweites Ausgreifen, was Takt und Ausdruck nützlich sein kann.

Dementsprechend hat ein spitzer Winkel kürzere, flachere Bewegungen zur Folge. Zusätzlich beeinflusst die Straffheit der stabilisierenden Sehnen und Bänder die Schulterfreiheit. Sind Muskeltonus und Bandapparat sehr straff, verringert sich auch die Schulterfreiheit.

Ein langer Unterarm führt zu flachen, weiten Gängen. Ein langes Röhrbein hat eine höhere Aktion zur Folge. Da Bänder und Sehnen dann aber auch lang sein müssen, kann eine lange Röhre instabil und lahmheitsanfällig sein. Eine lange Fessel führt zu stoßdämpfenden, für den Reiter sehr bequemen Gängen, es kann jedoch leicht zu Sehnenreizungen, Muskelüberlastungen oder Überdehnungen des Fesselträgers (Durchtrittigkeit) kommen.

Der Rücken

Als gutes Reitpferdemaß hat sich eine Rückenlänge, gemessen von Widerrist bis Hüfthöcker, bewährt, die der Sitzbein-Hüfthöcker (Kruppe) entspricht. Dieses Maß ist häufig bei iberischen Pferden zu finden, Pferden, die sich mit der Versammlung leicht tun.

Ein gerader, kurzer Rücken, verbunden mit einer starken Lende, ist recht tragfähig, jedoch häufig schwer zu biegen. Ein weicher Rücken, der deutlich konkav und lang ist, ist meist sehr beweglich und für den Reiter weich zu sitzen. Pferde mit solchen Rücken sind jedoch teilweise schwieriger zu schließen und zu versammeln, was zu Taktproblemen im Viertakt führen kann. Zudem ist häufig die Belastbarkeit des Rückens eingeschränkt.

Pferde mit vorfallender Rückenlinie (tiefster Punkt liegt zu weit vorne) und überbaute Pferde haben oftmals Schwierigkeiten, ihre Balance im Viertakt zu halten, da ihr Schwerpunkt zu weit nach vorne kommt. Haben sie gleichzeitig eher kurze Vorderbeine und große Hebel in der Hinterhand, haben diese Pferde Schwierigkeiten mit allen langsamen und versammelnden Lektionen, mit Biegungen, mit akzentuiertem Arbeitstempo, da sie sich zu leicht über ihren Schwerpunkt nach vorne hebeln, quasi ihrem Gleichgewicht hinterher laufen.

Die Hinterhand

Die Winkelung der Hinterhand ist für die Dynamik und Qualität der Gänge von zentraler Bedeutung. Für den Takt ist die Schräglage des Beckens relevant. Ist es zum Beispiel annähernd waagerecht, wird eine etwas hohlrückige Bewegung mit Trabtendenz zu erwarten sein, denn die Hinterhand schwingt dann nicht so leicht vor und unter. Ein sehr schräges Becken begünstigt (bedingt aber keinesfalls) eine laterale Tendenz und geht meist mit einem stabileren, strafferen Rücken einher.

Pferde, die dafür gezüchtet wurden, besonders schnell geradeaus zu laufen, wie töltende Traber oder rennpassende Isländer, fußen häufig mit der Hinterhand in einer sehr breiten Spur. Dadurch haben sie eine sehr gute Stabilität im hohen Tempo. Sie haben häufig viel Kraft und Dynamik. Biegungen oder Seitengänge sind für diese Pferde schwieriger zu erlernen, da ihnen das jeweils innere, weit zur Seite fußende Hinterbein „im Weg“ ist.

Ein schmale Spur der Hinterhand macht ein Pferd sehr wendig und durch die Reiterhilfen leicht beeinflussbar (häufig bei Paso Finos). Solche Pferde sind meist weniger schnell oder zumindest weniger sicher im schnellen Viertakt. Zudem besteht die Gefahr des Streichens.

Eine weit unterschiebende Hinterhand muss entweder eine hoch-weite Vorhandbewegung haben oder eine Auswärtsbewegung (zum Beispiel Termino beim Paso Peruano), um den Viertakt zu realisieren. Ist die Schulterbewegung bei weit untertretender Hinterhand steif und kurz, verschiebt sich der Gang ins Laterale (Pass). Hingegen braucht eine kurz tretende Hinterhand eine geringere, eventuell hochfrequente, flache Vorhandbewegung, um einen Viertakt zu halten. Bei hoher oder weiter Vorhandaktion würde ein solches Pferd seinen Viertakt Richtung Trab verschieben.

Lange Ober- und Unterschenkel, mit einem starken Winkel in der Hinterhandlinie, begünstigen die so genannte Hockaction, Hankenaktion, die bei Paso Finos und American Saddlebred Horses erwünscht ist, vor allem, wenn das Pferd dazu gleichzeitig eine eher waagerechte Beckenstellung hat.

Genetische Gangveranlagung

Seit einigen Jahren werden immer mehr Pferde mit Gangveranlagung entdeckt. Das ist keine Modeerscheinung oder „handgemacht“, sondern Folge des zunehmenden Wissensstandes. Es gibt jetzt immer mehr Menschen, die diese Veranlagung erkennen und erfühlen können. Neben den typischen Gangpferden ist sie bei sehr vielen Rassen rudimentär vorhanden, etwa bei Arabern, Berbern, Connemaras, Andalusiern, Lusitanos, Sorraias, Mustangs, bei vielen osteuropäischen Pferderassen, zum Beispiel Terskern, Kabardinern, teilweise bei Friesen und Warmblütern.

Es ist schwer zu sagen, wie viel genetische Restbestände bei wie vielen Rassen vorhanden sind, weil Töltverschiebungen bei den meisten Rassen nicht beachtet oder rechtzeitig „weggearbeitet“ werden.

Die Möglichkeit eines Pferdes, neben den so genannten Grundgangarten noch weitere Gänge zu zeigen, ist von seiner genetischen Veranlagung abhängig. Tölt, Rack, Paso Llano und andere sind keine erlernten Bewegungsmuster, sondern ebenso natürlich wie Schritt, Trab oder Galopp.

Viertakt-Veranlagung findet sich bei vielen Pferderassen. Kabardiner Sigment im Tölt mit Andrea Jänisch. Foto: L. Lenz

Die Viertakt-Veranlagung ist genetisch verankert; Islandfohlen im Tölt. Foto: L. Lenz

Die individuelle Ausprägung dieser Gangarten hängt jedoch von Umweltfaktoren ab, namentlich von der gesunden Aufzucht und der Ausbildung des Pferdes. Je mehr Bewegungsanreize dem Pferd schon in jungen Jahren geboten werden (große Flächen, Berg und Tal, verschiedene Bodenverhältnisse, Herdenhaltung), desto mehr Bewegungsmöglichkeiten werden in seinem Hirn abgespeichert. Im Rahmen seiner Ausbildung werden die verschiedenen Gänge dann abrufbar, bestimmbar und formbar. Das ist mit dem akzentuierten Arbeitstempo im Tölt nicht anders als mit dem Mitteltrab oder der Passage bei anderen Pferderassen.

Die genetische Forschung zur Gangveranlagung ist noch ein sehr offenes Feld. Die deutsche

Genetikerin Dr. Dr. Ines Butler-Wemken[1] beschreibt den Gang als ein quantitatives Merkmal, das heißt ein Merkmal, das von mehreren Genen bestimmt wird. Sie bedauert, dass es derzeit in Deutschland noch nicht genug Daten gibt, um sichere Aussagen über die Erblichkeit (Heritabilität) der Gangveranlagung zu machen.

Am weitesten fortgeschritten in dieser Hinsicht sind die Isländer. So fand zum Beispiel Dr. Thórvaldur Árnason im Rahmen seiner 1983 veröffentlichten Doktorarbeit *Genetic studies on conformation and performance of Icelandic Toelter horses*[2] heraus, dass Gebäude- und Reiteigenschaften durchschnittlich einen Erbfaktor von 35 Prozent haben, das heißt 35 Prozent der Veranlagung sind genetisch bedingt, 65 Prozent hängen von Umweltfaktoren ab. Für die Eigenschaften Tölt und Pass ging der Erbfaktor auf bis zu 50 Prozent hoch.

Aus Kanada ist eine empirische Studie zur Erblichkeit der Viertaktgangarten bekannt[3]. Da sich die Ergebnisse des Autors Eldon Eadie mit den Erfahrungen aus der Ausbildungspraxis decken, möchten wir sie hier gerne vorstellen. Eadie geht davon aus, dass die Gangarten jedes Pferdes vom Gen-Paar Trab/Pass bestimmt werden, wobei Trab dominant und Pass rezessiv ist. Die Möglichkeit, die jeweils vorliegende Ganggenetik Richtung Viertakt zu verschieben, hänge vom Vorhandensein eines so genannten Modifikator-Gens ab, das schwach oder stark sein kann.

Basierend auf den unterschiedlichen Möglichkeiten, in denen das Trab/Pass-Genpaar auftreten kann, unterscheidet Eadie drei Gruppen von Pferden, deren Gänge durch den Modifikator Richtung Viertakt verschoben werden können:

Trab/Trab	Trab/Pass	Pass /Pass
1.TTo	4.Tpo	7.ppo
2.TTm	5.Tpm	8.ppm
3.TTM	6.TpM	9.ppM

(T=Trab dominant, p= Pass rezessiv, o= ohne Modifikator, M= Modifikator stark, m= Modifikator schwach)

Zu 1.: Ein Pferd dieser Kategorie wird nur traben. Es hat nicht die geringste Veranlagung zum Viertakt. Hierunter fallen zum Beispiel viele Warmblutpferde.

Zu 2.: Bei einem solchen Pferd ist die trabende Gangmechanik vorrangig. Von sich aus zeigt es keinen klaren Viertakt. Es wird jedoch gebrochenen Trab, also Fox Trot, Pasi Trote, Trocha beziehungsweise Trabtölt anbieten und könnte zum reinen Viertakt ausgebildet werden. In diese Gruppe gehören all jene Rassen, bei denen noch Töltreste in der Genetik vorhanden sind, also zum Beispiel Lusitanos, Pura Raza Espanola, Berber, Araber oder Connemaras.

Zu 3.: Auch ein solches Pferd zeigt zunächst nur Trab. Es wäre jedoch sehr leicht zum reinen Viertakt zu bringen. Solche Pferde verfügen neben verschiedenen diagonalen Viertaktvarianten und dem reinen Viertakt auch über einen guten Schritt, Flat Foot Walk beziehungsweise Running Walk und Galopp. Neben einigen Tennessee Walkern entspricht ihnen zum Beispiel

---

1 Persönliches Gespräch, 26. März 2001

2 Árnason, Thórvaldur: *Ich glaube an das natürliche Islandpferd*, in: Helmersson, Stina: *Das Islandpferd*, Epona Verlag 1994

3 Eadie, Eldon: *The Genetics of Gait*, in: *4-Beat* Herbst 1991, herausgegeben von der North America Style-Footing Horse Association, Montana; S. 10-13

Ein Pferd des Typs 3 (TTM): durch das starke Modifikator-Gen hat es neben dem Trab eine deutliche Viertakt-Veranlagung. Vierjähriger Paso Iberoamericano Bonlucio mit Kaja Stührenberg. Foto: L. Lenz

der typische Viergänger beim Islandpferd, der Paso Iberoamericano oder auch das American Saddlebred Horse.

Zu 4.: Dieser Pferdetyp zeigt ebenso viel Trab wie Pass. Da er jedoch kein Modifikator-Gen besitzt, kann das Pferd keinen Gang Richtung Viertakt auflösen. Pferde dieser Art findet man häufig unter den American Standardbreds, die sowohl in Trab- als auch in Passrennen gefahren werden. Auch beim Islandpferd und Aegidienberger können solche Typen vorkommen.

Zu 5.: Pferde dieser Gruppe verfügen über einen schwachen Modifikator, sodass sie Trab oder Pass zu einer diagonalen oder lateralen Viertaktvariante auflösen können. Der reine Viertakt (Walk, Tölt, Rack, Singlefoot und andere) erfordert viel Ausbildung und hat nur eine geringe Tempovarianz. Sobald diese Pferde von ihrem spezifischen Tempo abweichen, verschieben sie den klaren Viertakt wieder Richtung Pass oder Trab. In dieser Gruppe findet man zum Beispiel manche Paso Peruanos, Missouri Fox Trotter oder Tennessee Walker.

Zu 6.: Wenn Temperament und Exterieur stimmen, ist ein solches Pferd laut Eadie das ideale Gangpferd. Als Fohlen wird es Trab und Pass zu gleichen Teilen zeigen. Es ist jedoch unter dem Reiter sehr leicht zum reinen Viertakt (Walk oder Töltvarianten) auszubilden und wird ihn bis ins hohe Tempo taktklar gehen können. Diese Pferde treten als Einzelexemplare in allen Gangpferderassen auf und verfügen dank ihrer diagonalen Möglichkeiten auch über einen guten Galopp.

Zu 7.: Dieses Pferd ist ein Eingänger, der nur Pass in unterschiedlichen Tempi kennt. Der diagonale Bewegungsablauf ist ihm fremd. Ein solches Pferd muss den Viertakt, Trab oder Galopp erst durch lange Ausbildung erlernen. Diese genetische Gangveranlagung kann durch eine zu starke Selektion auf Pass entstehen. Sie kommt teilweise beim Paso Peruano oder beim Tennessee Walker vor.

Zu 8.: Solche Pferde zeigen als Fohlen fast nur Pass. Trab und Galopp sind nicht in ihrem Bewegungspotenzial vorhanden. Unter dem Reiter können sie laterale Viertakt-Varianten, zum Beispiel Passtölt, erlernen. Im langsamen Tempo können sie eventuell auch einen reinen Viertakt zeigen.

Zu 9.: Dieses Pferd ist ein so genannter Naturtölter mit Dominanz in den lateralen Bewegungen. Pferde dieser Gruppe finden sich zum Beispiel unter den isländischen Fünfgängern. Sie verfügen über die Fähigkeit bis ins hohe Tempo klaren Tölt zu laufen und dann über den Passtölt zum Rennpass zu gelangen. Weil diese Pferde über eine starke laterale Bindung, also Pass-Veranlagung, verfügen, müssen Galopp wie auch Trab durch Training erarbeitet werden.

Interessant ist, dass laterale Gangarten zu den Grundgangarten des Pferdes und anderer Säugetiere zählen, die schon bei ihren paläobiologischen Vorfahren vorkamen. Die Forschung und einschlägige Studien zum Thema Entwicklung der Gangarten[4] haben den Veterinär und Diplombiologen Dr. Kai-Christian Otte[5] zu der Einsicht gebracht, dass Tölt und Pass in der Tierwelt evolutionsgeschichtlich älter sind als Trab und Galopp.

---

[4] MacFadden, B.J.: *Fossil Horses*, 1992, S. 229 ff

[5] Otte, Dr. Kai-Christian, Korrespondenz vom 21.05.2001

VIERTAKT-GANGARTEN

DER GEMEINSAME NENNER

Es gibt sehr viele Viertakt-Gangarten. Je nach Änderung von Gleichgewicht, Geschwindigkeit oder Spannung ergibt sich eine andere Variante. Was jedoch bleibt, ist die Fußfolge: hinten rechts, vorne rechts, hinten links, vorne links.

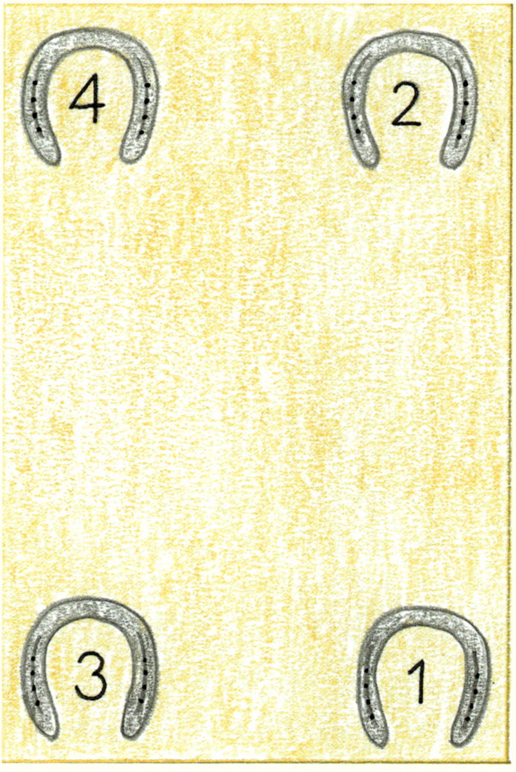

Fußfolge aller (!) Viertakt-Gangarten.

Alle Viertakt-Varianten haben diesen gemeinsamen Nenner, der durch die Attribute schnell, langsam, lateral oder diagonal modifiziert werden kann.

Videoanalysen führen zu immer neuen Denkmodellen und Bezeichnungen für die verschiedenen Viertakt-Gangarten. Inwieweit dies produktiv ist, sei dahingestellt.

Wichtig ist es jedoch, die zugrunde liegenden Prinzipien aller Viertakt-Gangarten zu kennen. Die Art des Taktes ist im Zusammenhang mit Kriterien wie Ausdauer, Bequemlichkeit, Wendigkeit, Schnelligkeit oder Showeffekt zu sehen. Je nachdem welchen Schwerpunkt der Reiter setzt, verlagern sich hier sehr massiv die Gewichtungen und es wird sich dafür eine andere Gangvariante oder eine andere Rasse anbieten.

Fallbeispiel: Ein Mangalarga Marchador sollte korrektes Anhalten erlernen. Er tat sich sehr schwer damit, weil er sich nur unzureichend auf der Hinterhand halten konnte. Das Reiten von Tempounterschieden in der Marcha Batida (trabverschobene Viertakt-Variante), eine Rückwärtsorientierung und eine starke Sensibilisierung auf das sofortige Umsetzen der Hilfen führten zu einer Erhöhung der Grundspannung des Pferdes und einer Verschiebung des Gleichgewichts in Richtung Versammlung. Die Folge dessen war eine erhöhte Aufrichtung des Pferdes und eine Verschiebung der Marcha Batida zum Tölt.

Um sich die verschiedenen Viertakt-Varianten zu vergegenwärtigen ist es sinnvoll, beim gleichmäßigen, klaren Viertakt, dem Tölt, zu beginnen.

Der Tölt im mittleren Tempo hat folgende Phasenfolge:

Einbeinstütze hinten rechts, vorne rechts kommt dazu (laterale Zweibeinstütze rechts), vorne rechts alleine, hinten links kommt dazu

Gleichmäßiger Viertakt in acht Phasen, beispielsweise Tölt, Rack, Paso Llano, Paso Corto, Paso Largo, Singlefoot, Slow Gait.

(diagonale Zweibeinstütze), hinten links alleine, vorne links kommt dazu (laterale Zweibeinstütze links), vorne links alleine, hinten rechts kommt dazu (diagonale Zweibeinstütze), hinten rechts alleine ... Der Tölt ist dann taktrein, wenn alle Phasen, alle Ein- und Zweibeinstützen, gleich lang sind.

SCHNELLER VIERTAKT

Im Vergleich zum mittleren Tempo entsteht im schnelleren Tempo Tölt der Eindruck einer längeren Einbeinstütze. Natürlich ist sie nicht wirklich länger als die Zweibeinstützen, denn dann wäre es kein gleichmäßiger Viertakt mehr. Durch die größere Schrittweite im Vergleich zum mittleren Tempo sieht man sie nur länger stehen.

Der schnelle Viertakt wird beim Isländer, Paso Iberoamericano, Aegidienberger oder Töltenden Traber unter der Bezeichnung Renntölt geritten.

Bei nordamerikanischen Gangpferderassen, zum Beispiel dem American Saddlebred Horse, heißt er Rack, beim Paso Fino wird er als Paso Largo bezeichnet. Der US-amerikanische Züchter und Trainer von Largo-Pferden Isaac Wyler hat seine Pferde im „accurate four-beat gait"

Schneller Viertakt: Rack. American Saddlebred Horse Golden Boy mit Lisa Heres-Rosenberger. Foto: L. Lenz

Schneller Viertakt: Renntölt. Islandstute Ekkja de Bourbon mit Susi Fischhaber. Foto: L. Lenz

mit einer Zeit von 22 Meilen pro Stunde gemessen[6]. Das entspricht etwa 35,4 Stundenkilometern. Mit diesen Zeiten tritt er in Töltrennen in Konkurrenz zu Islandpferden und anderen schnellen Gangpferderassen[7]. Seinen landesweiten, intensiven Forschungen nach sind schnellere Zeiten in einem wahrlich gleichmäßigen, nicht Richtung Trab oder Pass verschobenen Viertakt bisher nicht zu erreichen gewesen.

Diese schnelle Viertakt-Variante kostet sehr viel Kraft. Sie wird daher im Allgemeinen nicht über längere Strecken geritten; ist eher etwas für den kurzzeitigen Geschwindigkeitsrausch – macht einfach Spaß! – oder für die Vorstellung in Shows, Rennen und Gangpferdeprüfungen, bei denen Tempounterschiede gefordert sind.

Langsamer Viertakt: Paso Llano, Dreierfußung. Hinten rechts hat Bodenkontakt, stützt aber noch nicht. Paso Peruano SRV Antar mit Andrea Jänisch. Foto: L. Lenz

Langsamer Viertakt

Wird das Tempo im Tölt langsamer, werden die Einbeinstützen im Vergleich zum mittleren Tempo immer kürzer und die jeweiligen Zweibeinstützen länger. Je reduzierter das Tempo ist, desto eher kommt es zu einer Dreierfußung: das Pferd hat mit drei Beinen Bodenkontakt, stützt das Gewicht jedoch nicht gleichmäßig auf allen drei Beinen ab, wie es das im Schritt tun würde. Ein Bein berührt den Boden nur mit der Zehe, trägt aber noch keine Last.

Beim Isländer, Paso Iberoamericano, Aegidienberger oder töltenden Traber heißt dieser langsame Viertakt Tölt. Beim Missouri Fox Trotter wird diese Variante unter der Bezeichnung Singlefoot geführt, beim American Saddlebred Horse heißt sie Slow Gait.

Die Südamerikaner nennen sie beim Paso Peruano Paso Llano und beim Paso Fino Paso Corto. Die eventuell entstehende Dreierfußung bei dieser Viertakt-Variante ist zum Beispiel typisch für den ökonomischen, langsameren Bewegungsablauf der brasilianischen Mangalarga Marchadores in der Marcha Picada. Je nach Bewegungshöhe und Bewegungsweite, die von der Zuchtrichtung und Ausbildung des Pferdes abhängen, ist dieser Viertakt für unterschiedliche Ansprüche geeignet, das heißt er kann sowohl sehr gesetzt und spektakulär als auch sehr ökonomisch und als Langstreckengangart geritten werden.

---

[6] Wyler, Isaac, Arizona, persönliches Gespräch vom 21.10.2000

[7] *Paso Fino Dethrones Icelandics* in: *Cedar Knoll Paso Fino Quarterly Publication* 1995, S. 8

Langsamer Viertakt: Singlefoot, Dreierfußung. Missouri Fox Trotter Sundancer mit Kaja Stührenberg. Foto: T. Ruthof

Die Gangvariante Classic Fino ist eine besondere Viertakt-Modalität beim Paso Fino.

Es ist ebenfalls ein gleichmäßiger Viertakt, der sich jedoch durch äußerst hohe Frequenz und äußerst geringen Raumgriff definiert, meist kombiniert mit einer Dreierfußung. Die Aktion der Hinterhand (Hankenaktion, hock action) soll ebenso hoch sein wie die der Vorhand. Das ist wichtig, denn durch das starke Anwinkeln der Hinterhand wird eine Verschiebung zum Trab verhindert, die Hinterhand fußt nach der diagonalen Vorhand auf. Die Kruppe des Pferdes soll im Classic Fino horizontal bleiben, das heißt das Becken soll nicht abgekippt werden. Würde man ein Classic Fino Pferd nach konventioneller Anschauung mehr versammeln,

Viertakt mit hoher Frequenz und wenig Raumgriff: Classic Fino. Foto: I. Hohe

dann würde die Hinterhand die Vorhand einholen und es könnte zum Pass tendieren. Das Classic Fino Pferd muss in dieser Form des horizontalen Gleichgewichts bleiben. Durch die kurzen, hochfrequenten Schritte ist Classic Fino weitgehend erschütterungsfrei und für den Reiter daher überaus bequem. Er ist jedoch sehr anstrengend und bleibt daher eher den Show- oder Turnierklassen vorbehalten.

Keine Frage, dass sich die Gangart Classic Fino im Ausdruck und in der Bewegungsausführung stark vom Singlefoot eines Missouri Fox Trotters unterscheidet – die Fuß- und Phasenfolge ist jedoch die gleiche!

LATERALE VERSCHIEBUNGEN IM VIERTAKT

Neben den oben beschriebenen, tempoabhängigen Viertakt-Varianten gibt es Viertakt-Gangarten, die sich von der Betonung der lateralen beziehungsweise diagonalen Stützphasen ableiten. Ein längeres Verweilen in der lateralen Stützphase führt zu pass-verschobenen Varianten, die jedoch immer noch im Viertakt bleiben, da der Pass immer noch „gebrochen" wird.

Beim Isländer, Aegidienberger oder töltenden Traber werden sie unter der Bezeichnung Passtölt geführt; beim südamerikanischen Gangpferd als Andadura oder Ambladura bezeichnet. Pass-geprägte Varianten sind bei den meisten Gangpferden unerwünscht, da sie mit mangelnder Flexibilität im Rumpf und häufig einer Gleichgewichtsverschiebung Richtung Vorhand einhergehen.

Phasenfolge Passtölt: Sobreandando, Ambladura, Andadura
Die Fußfolge ist dieselbe wie im gleichmäßigen Viertakt!

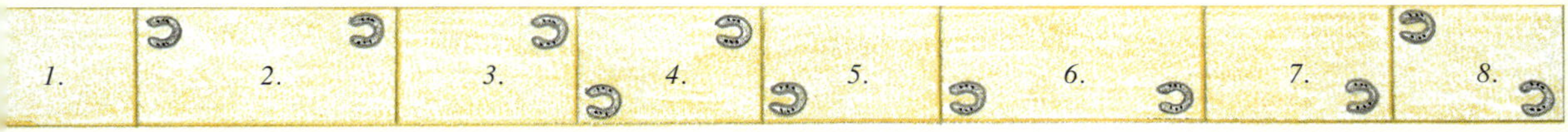

1. kurze Einbeinstütze hinten links

2. sehr lange laterale Zweibeinstütze links

3. kurze Einbeinstütze vorne links

4. kurze diagonale Zweibeinstütze

5. kurze Einbeinstütze hinten rechts

6. sehr lange laterale Zweibeinstütze rechts

7. kurze Einbeinstütze vorne rechts

8. kurze diagonale Zweibeinstütze

Der Passtölt beim Peruanischen Paso – Sobreandando – ist etwas anders zu beurteilen. Seit den 1930er Jahren wird er von den Züchtern in Peru als Qualitätsmerkmal geschätzt, da in seinem Auftreten ein Hinweis auf die „reinrassige Abstammung" der Pferde gesehen wird.

Der Paso Peruano „darf" bei erhöhter Geschwindigkeit im Gang passiger werden. Diese Tendenz wird im Zuchtgedanken stärker toleriert als bei anderen Gangpferderassen. Betrachtet man den Peruaner im Viertakt von hinten, dann gehen Sprung- und Karpalgelenk einer Seite gleichzeitig vor. Der Betrachter soll den Eindruck einer lokomotivenähnlichen Fort-

Sobreandando. Paso Peruano Mercedes WS mit Mireille van Meer. Foto: A. Peters

bewegung bekommen, bei der das Verbindungsgestänge an eben diesen beiden Gelenken befestigt ist. Der Viertakt des Peruaners entsteht durch den Termino – das seitliche Ausschwingen der Vorhand aus der Schulter, der das Auffußen der Vorhand verzögert.

Ohne Termino oder mit strafferen Gelenken würde der Peruaner Pass gehen. Für den Termino braucht der Paso Peruano eine besondere Lockerheit und Elastizität in der Vorhand. Dies kann eventuell mehr Durchtrittigkeit zur Folge haben. Man wünscht sich den Peruanischen Paso so in der Lateralen verwurzelt, dass er selbst dann, wenn man ihn über sein Viertakt-Tempo hinaustreiben würde, nicht anfinge zu galoppieren. Er soll immer die Laterale erhalten und nicht in den Galopp auflösen, wie dies beispielsweise die meisten Isländer tun würden.

Termino; deutlich ist das seitliche Ausschwingen aus der Schulter zu erkennen. Paso Peruano MOH Soberbio. Foto: L. Lenz

Beim Reiten dieser Pferde muss man solche Zuchtziele mit berücksichtigen und darf nicht die Maßstäbe anderer Rassen anlegen.

Auch der Stepping Pace des nordamerkanischen Gangpferdes ist eine mehr oder weniger stark passgeprägte Viertakt-Variante. Es ist kein Rennpass. Stepping Pace wird mit sehr hoher, stark gewinkelter Vorhandaktion ausgeführt.

Typisch amerikanischer Fox Trot: die Vorhand wird weit und flach vorgeführt, Kopf und Hals sind in charakteristischer Haltung fixiert. Missouri Fox Trotter Black Velvet mit Lothar Rowe. Foto: Fleming Foto

nalen Hinterbein. Der Gesamtbewegungsablauf bleibt aber in der Phasenfolge des Tölts.

Bei Islandpferden, Aegidienbergern und Töltenden Trabern wird diese Verschiebung als Trabtölt bezeichnet, in Südamerika, zum Beispiel bei Paso Peruanos, ist sie als Pasi Trote bekannt. Sie ist jedoch bei diesen Rassen züchterisch unerwünscht.

Bei anderen Gangpferden wird diese Variante als erstrebenswerter Takt begrüßt. Gerade in Brasilien wird zum Beispiel ausdrücklich ein diagonal gehendes Pferd gewünscht: Der Mangalarga Marchador soll möglichst ohne Hilfen stabil und bequem in der Marcha Batida gehen. Bei den Missouri Fox Trottern war diese Viertakt-Variante sogar namengebend.

Bei der kolumbianischen Zuchtrichtung Trochador wird der Trabtölt (Trocha) geschätzt und genießt in seiner sehr akzentuierten Showversion ein besonders hohes Ansehen bei Züchtern und Richtern.

DIAGONALE VERSCHIEBUNGEN IM VIERTAKT

Phasenfolge Trabtölt: Trocha, Fox Trot, Marcha Batida, Pasi Tro
Die Fußfolge ist dieselbe wie im gleichmäßigen Viertakt!

Ein längeres Verweilen des Pferdes in der diagonalen Stützphase hat eine Verschiebung des gleichmäßigen Viertaktes in Richtung Trab zur Folge. Je nach Betrachtungsweise können diese Varianten auch als gebrochener Trab bezeichnet werden: Die Diagonalen des Trabes setzen nicht mehr annähernd zeitgleich auf, sondern das Vorderbein einen Moment vor dem diago-

1. kurze Einbeinstütze hinten links
2. kurze laterale Zweibeinstütze links
3. kurze Einbeinstütze vorne links
4. sehr lange diagonale Zweibeinstütze
5. kurze Einbeinstütze hinten rechts
6. kurze laterale Zweibeinstütze rechts
7. kurze Einbeinstütze vorne rechts
8. sehr lange diagonale Zweibeinstütze

Trocha: Vorne links setzt vor hinten rechts auf. Damisela de Carrisa mit Doris Sperber. Foto: L. Lenz

Wird ein Schwerpunkt auf Ausdauer und Trittsicherheit im Viertakt gelegt, so bieten sich diese Gangvarianten an. Im Vergleich zum Trab sind sie ökonomischer, weil ihnen die Sprungphase fehlt, und sie können sich unebenem Gelände schneller anpassen als der Trab. Deshalb werden sie in Nord- und Südamerika als typische Langstreckengangarten geschätzt.

Rennpass: Viertakt in acht Phasen.

RENNPASS

Rennpass ist der im Renntempo ausgeführte Pass. Er unterscheidet sich vom Tölt und vom fehlerhaften Pass durch eine Sprungphase und vermehrte Streckung im ganzen Körper. Tatsächlich hat der Rennpass eigentlich mehr mit Tölt zu tun als mit dem negativ zu beurteilendem „Schaukelpass". Denn wenn man das Tempo im Tölt erhöht, werden die Einbeinstützen dieser Gangart immer länger und die diagonalen Zweibeinstützen kürzer. Wird die Geschwindigkeit nun noch mehr gesteigert, kann bei entsprechender Gangveranlagung die diagonale Zweibeinstütze ganz entfallen und durch eine Sprungphase ersetzt werden – aus dem Renntölt ist dann Rennpass geworden. Bei genauer Betrachtung (Zeitlupe) erkennt man, dass der Rennpass im Gegensatz zum „Schaukelpass" kein Zweitakt ist, sondern auch ein Viertakt: hinten links, hinten links-vorne links, vorne links, Sprungphase, hinten rechts, hinten rechts-vorne rechts, vorne rechts, Sprungphase.

Diese Gangart wird vor allem beim Islandpferd geschätzt und auch in Prüfungen vorgestellt. Aber auch andere Gangpferde können über Rennpass verfügen, zum Beispiel Töltende Traber, Aegidienberger und Pacer.

Auch in Peru wurden in früheren Zeiten Rennpasser und Renntölter, die so genannten „Caballos Aquilillos", also falkenschnelle Pferde, gezüchtet. Der Schweizer Johann Jakob v. Tschudi, der 1838 bis 1842 südamerikanische Länder bereiste, beschreibt diese peruanischen

Rennpass. Islandpferd Valur mit Walter Feldmann. Foto: L. Lenz

Nicht nur Islandpferde verfügen über Rennpass-Veranlagung; hier ein Töltender Traber im Rennpass. Foto: L. Lenz

Rennpasser als so schnell, dass andere Pferde nur im Galopp mithalten konnten[8]. Zudem gibt es Rennpasser in verschiedenen Ländern Osteuropas. Immer wieder trifft man einzelne Individuen aus Kirgisien, Karabagh oder der Mongolei, die Rennpass-Veranlagung (und auch Tölt) haben. Leider ist der Informationsfluss von dort bisher dünn. Interessant ist in diesem Zusammenhang der Roman von Tschingis Aitmatov *Abschied von Gulsary*[9], in dem das Leben eines berühmten Rennpassers erzählt wird.

[8] von Tschudi, Johann Jakob: *Reisen durch Südamerika* in Brockhaus, Leipzig 1866-1869
[9] Aitmatov, Tschingis: *Abschied von Gulsary*, Unionsverlag, Zürich 1992

Der Walk ist eine sehr raumgreifende Gangart in Schrittfußfolge. Spotted Saddle Horse Paige´s Desperado mit Josef Holstermann. Foto: L. Lenz

WALK

Die Gangart Walk ist ein sehr raumgreifend ausgeführter Schritt, bei dem die Hinterhand weit über die Spur der Vorhand hinausgreift.

Der Walk ist vergleichbar mit der Sportart der Geher; auch diese beginnen nicht zu laufen, machen jedoch weitere Schritte. Voraussetzung dafür ist ein Gebäude mit langen Hebeln in der Hinterhand, damit der Schwungradius groß genug ist, um weit über die Spur der Vorhand fußen zu können.

Die Hinterhand des walkenden Pferdes soll flach über den Boden nach vorne geführt werden, so als ob das Pferd mit dem Huf einen Tennisball nach vorne rollen wollte. Durch die erweiterte Schrittlänge ergibt sich ein erhöhtes Tempo, das vom Flat (Foot) Walk bis zum Running Walk reichen kann. Der Bewegungsablauf an sich ändert sich dabei nicht; Walk entspricht in Fuß- und Phasenfolge dem Schritt.

Ein Erkennungszeichen für einen guten Walk ist der so genannte Head Shake, Head Nod oder auch Nodding, ein rhythmisches Kopfnicken, das als Gleichgewichtsausgleich für das weite Übertreten entsteht.

Ein guter Walk fühlt sich für den Reiter an, als würde das Pferd dahingleiten beziehungsweise als würde der Reiter sanft vorwärts geschoben. Walk ist beim Tennessee Walker, Spotted Saddle Horse und beim Missouri Fox Trotter züchterisch erwünscht. Teilweise findet er sich auch bei Töltenden Trabern und anderen Rassen.

Schritt: Viertakt in acht Phasen.

GRUND-GANGARTEN

SCHRITT

Der Schritt ist ein Viertakt in acht Phasen. Er ist schwunglos. Der Charakter des Schritts ist entspannt.

Bedeutung

Der Schritt ist die Grundgangart des Pferdes. Es ist die Gangart, in der sich das Pferd in freier Wildbahn hauptsächlich fortbewegen würde. Den größten Teil des Tages verbringt ein Pferd in der Natur damit, langsam grasend zu wandern.

Bereits im Schritt kann man viel von den Bewegungsmöglichkeiten des Pferdes erkennen – Schrittlänge, Energie, Bewegungsfluss, Winkelung der Gelenke – und auf die anderen Gangarten schließen.

Schritt, die Hauptgangart des Pferdes in freier Natur.
Foto: L. Lenz

Gerade unter den Gangpferden ist das Schritt-Potenzial sehr unterschiedlich. So gibt es Rassen oder auch Einzel-Individuen, die einen großen, raumgreifenden Schritt mit weitem Untertreten gehen. Dazu gehören viele Isländer, Tennessee Walker, Missouri Fox Trotter, Töltende Traber, Warmblut-Töltkreuzungen und andere.

Demgegenüber gibt es Pferde, die schon mit dem Siegeln ihre Mühe haben. Hierzu gehören häufig Paso Finos, American Saddlebred Horses und auch viele iberische Pferde und ihre südamerikanischen Nachkommen. Im Vergleich mit den weit ausschreitenden Pferden sind diese Pferde die wendigeren und leichter zu versammelnden. Im Hinblick auf den Tölt finden sie oft viel einfacher einen sicheren Takt, da sie leichter aus der knappen, kürzeren Schrittbewegung in die höhere Taktfrequenz des Tölts finden.

Für unser mitteleuropäisches Verständnis sollte ein Pferd im Schritt mindestens siegeln oder je nach Gangmaß (Mittelschritt, starker Schritt) auch sehr viel weiter mit dem Hinterbein über die Spur des Vorderbeines hinausgreifen. Letzteres ist besonders für ein Wanderreitpferd von großem Nutzen.

Der Schritt ist in erster Linie ein Gradmesser des seelischen Zustandes des Pferdes. Er zeigt dem Reiter an, ob sich das Pferd wohl fühlt und ob es in seiner Rolle als Reittier Entspannung finden kann. Von daher hat die Qualität des Schritts, ein ruhiger, geregelter Bewegungsablauf im gleichmäßigen Viertakt, für den Reiter sehr viel Aussagekraft. Im Schritt lernen die

Die Qualität des Schritts zeigt dem Reiter an, ob das Pferd in seiner Rolle als Reittier Entspannung findet. Paso Fino Alegre Melodia mit Kaja Stührenberg. Foto: T. Ruthof

Pferde sich mit dem Reitergewicht zu entspannen. Lernt beispielsweise ein Pferd, das bislang unter dem Reiter nur Tölt oder einen zackeligen Schritt zeigte, entspannt am langen Zügel Schritt zu gehen, so hat sich in dieser Phase der gesamte seelische Zustand des Pferdes verbessert.

In den verschiedenen Arbeitsreitweisen hat der Schritt einen großen Stellenwert. Tritt jedoch die Show in den Vordergrund, ist die Gangart Schritt zu ruhig und unspektakulär um viel Zeit auf ihre Ausbildung zu verwenden. Gerade in Island und in den USA fristet der Schritt eher ein Schattendasein und kommt bei Turnierprüfungen gar nicht erst zur Wertung. So wird er zum Beispiel beim für die Show ausgebildeten Missouri Fox Trotter sogar abwertend als Dogwalk, also Hundegang, bezeichnet.

Die Gangart Schritt ist außerordentlich gut geeignet, um Muskulatur beim Pferd aufzubauen. Wenn er sehr zügig oder bergauf geritten wird, ist er die Gangart der Wahl zum Muskeltraining.
Dieser Effekt setzt in dem Moment ein, wo es für das Pferd eigentlich ökonomischer wäre zu traben und der Reiter dies unterbindet.

Schrittvariante: Animated Walk

In den USA werden Paso Finos und American Saddlebred Horses in einem stark verkürzten (nicht versammelten!) Schritt in Prüfungen vorgestellt. Er wird als *animated walk* bezeichnet. Das Pferd hat dabei eine akzentuierte Vorhandbewegung, aber keine auffällige Hinterhandbewegung. Es muss nicht siegeln, der Schritt soll jedoch geregelt bleiben. Das Pferd soll sehr gestylt aussehen und so, als ob es jeden Moment antölten oder antraben wollte. Häufig hat *animated walk* seine Ursache in einem sehr heißen, überschäumenden Temperament. Teilweise ist er auch züchterisch bedingt, weil ein weiter, untertretender Schritt als Zuchtziel keine Beachtung findet.

Trab

Der Trab ist ein Zweitakt in vier Phasen. Er ist ein schwungvoller Gang auf Grund der Flugphasen. Der Charakter des Trabes reicht von gymnastisch-neutral bis imponierend.

Bedeutung

Bei Gangpferdereitern und -züchtern scheiden sich die Geister häufig am Trab: Nicht selten ist der Trab in bestimmten Gangpferdezuchten regelrecht verpönt. „Darf" man mit einem Gangpferd überhaupt traben? Ist der Trab für den Viertakt egal, förderlich oder gar nachteilig?

Man sollte den Trab wertfrei betrachten! Durch die wechselseitige Beanspruchung von Rücken- und Bauchmuskulatur (siehe Kapitel „Die Last mit dem Pass") schafft er einen besonders guten Zugang zur gymnastischen Arbeit.

Ein wichtiger Aspekt des Trabes ist die Atemtechnik. Unter den Gangpferden gibt es relativ viele Pferde, die Probleme damit haben, beim Reiten die Atmung zu koordinieren. Häufig atmen sie zu flach oder sie neigen dazu den Atem wiederholt anzuhalten und dann plötzlich Luft auszustoßen. Eine solche Atmung ist sehr uneffektiv und die Pferde verspannen sich – vergleichbar mit dem Seitenstechen beim Joggen. Der vergleichsweise komplizierte Viertakt (hochfrequent, acht Phasen) beansprucht die

Trab: Zweitakt in vier Phasen.

„Darf“ ein Gangpferd überhaupt traben? Paso Fino Stute Brasilia des Juncal mit Andrea Jänisch.
Foto: L. Lenz

Konzentration einiger Pferde so stark, dass sie das Atmen „vergessen“ – ein Vorgang, der auch vielen Reitern aus der Reitstunde bekannt ist: wenn sie sich stark konzentrieren, halten sie häufig die Luft an. Manche Pferde müssen für das Gerittenwerden in gleichmäßiger Viertakt-Gangart daher erst eine spezielle Atemtechnik erlernen. Der Trab hingegen ist durch seine diagonale Fußfolge relativ einfach strukturiert und bietet oftmals eine bessere Möglichkeit den Pferden das Atmen unter dem Sattel „beizubringen“ und zum Abschnauben zu kommen. Infolgedessen entstehen weniger leicht Taktfehler, das heißt Reiter und Pferd müssen weniger denken und aufpassen und der Takt ist auch auf Biegungen und in Seitengängen leichter zu halten.

Der Trab eignet sich zudem am besten, um eine relative emotionale Neutralität beim Pferd herzustellen. Das kann von Bedeutung sein, wenn ein Pferd zum Beispiel beim Erlernen des Tölts zu wach und zu „quirlig“ wird. Dann kann es durch die ruhigere Taktfrequenz des Trabes wieder in eine entspannte geistige und körperliche Konstitution zurückfinden.

Trotz dieser Vorteile muss man auch abwägen, ob der jeweilige Reiter den Anforderungen

Bei einigen Gangpferderassen ist Trab im Zuchtziel erwünscht. Aegidienberger Prodomo mit Andrea Jänisch als Reiterrichterin anlässlich einer Materialprüfung. Foto: L. Lenz

der Gangart Trab bei seinem Gangpferd gewachsen ist. Manche Reiter haben sich gerade deshalb ein Gangpferd gekauft, um bequem zu reiten, oder sie haben Probleme mit ihrem Sitz in dieser Gangart. Gerade bei Naturtöltern, denen man den Trab erst beibringen muss, birgt die neue Gangart unter Umständen auch eine weitere Fehlerquelle. So kann das Pferd den Trab zu einem Zeitpunkt anbieten, an dem man eigentlich Tölt reiten wollte. Der Reiter muss also eine präzisere Hilfengebung und verschiedene Korrekturmaßnahmen erlernen. Ein Kompromiss wäre es, dem Pferd das Traben an der Longe beizubringen beziehungsweise zu erlauben. Hier eröffnet es eine Vielzahl gymnastischer Möglichkeiten und dadurch, dass die Pferde lernen zwischen Longe und Reiten zu unterscheiden, bleiben die genannten Nachteile aus.

Trabvarianten: Trote, Jog

Trote ist die südamerikanische Bezeichnung für einen Trab ohne oder mit kaum spürbarer Sprungphase. Dadurch wird der Reiter im Trote nicht geworfen, das heißt er reitet ähnlich bequem wie in den Viertakt-Gangarten. Die Bewegungen werden in den Gelenken der Extremitäten abgefangen und schwingen nicht bis in den Rücken hinein. Trote ist stark tempoabhängig: Reitet man zu schnell, entsteht die Sprungphase des Trabs. Trote existiert in allen Ländern Südamerikas. Pferde mit dieser Gangausprägung werden als eigenständiger Schlag *(Modalidad)* der Landesrassen angesehen. Charakteristisch ist Trote für Mangalarga Paulistas (Brasilien) und für die Paso-Zuchtrichtung Troton Galopero. Während der Mangalarga Paulista im Trote mehr Raumgriff und weitere, entspanntere, flache Bewegungen zeigt, hat der Trote des Troton Galoperos einen sehr kadenzierten, schnellen Bewegungsablauf. Seinen Höhepunkt findet Trote bei Zuchtschauen in Kolumbien. Er wird dort in eigenen Prüfungen gerichtet und so geschätzt und kultiviert, dass sich keiner die Mühe macht, andere Gangarten auszubilden. Wenn man schneller reiten möchte, wird galoppiert.

Ein Trab fast ohne Sprungphase ist auch der so genannte Jog des Westernpferdes. Der richtig gerittene Jog hat ein horizontales, nichtsdestotrotz stimmiges Gleichgewicht. Das Pferd geht vollkommen entspannt, langsam und mit wenig Raumgewinn.

GALOPP

Der Galopp ist ein Dreitakt in sechs Phasen. Der Charakter des Galopps ist extrovertiert bis impulsiv.

Bedeutung

Der Galopp des Gangpferdes ist häufig nicht sehr gut. Viele Gangpferde galoppieren flach, mit geradem, fest gehaltenem Rücken, und neigen zum Viertakt. Sie haben Schwierigkeiten wirklich rund über den Rücken zu galoppieren und dazu das Becken zur Kruppe abzukippen. Manche Paso Peruanos können so gut wie gar nicht galoppieren, da es züchterisch nicht gewünscht ist, eine Diagonale zu fördern. Wenn sie überhaupt galoppieren, dann gehen sie oft Passgalopp oder Vierschlaggalopp.

Der Galopp hat eine große Bedeutung als Rückengymnastik für das Pferd: Das Aufwölben und wieder Strecken fördert eine Beweglichkeit vom Becken zur Wirbelsäule und lockert damit recht gut den Rücken und die Lende. Da sich das Pferd beim Galoppieren aus der Hinterhand heraus deutlich abdrücken muss, fördert gerade das Angaloppieren aus langsamer Gangart zusätzlich die Kraft der Hinterhand.

Von Bedeutung ist auch die Atmung im Galopp. Eine Regel der Vollblut-Trainer lautet: Schritt trainiert die Muskeln, Galopp trainiert die Lungen. Der Galopp hat die Eigenschaft, dass er bei jedem Galoppsprung das Pferd automatisch zum Ein- und Ausatmen bringt. Dies ist alleine auf den Bewegungsablauf dieser Gangart zurückzuführen. Gerade bei Pferden, die aus den unterschiedlichsten Gründen dazu neigen, beim Reiten immer wieder den Atem anzuhalten, flach oder unregelmäßig zu atmen, kann das Galopptraining zu guten Erfolgen

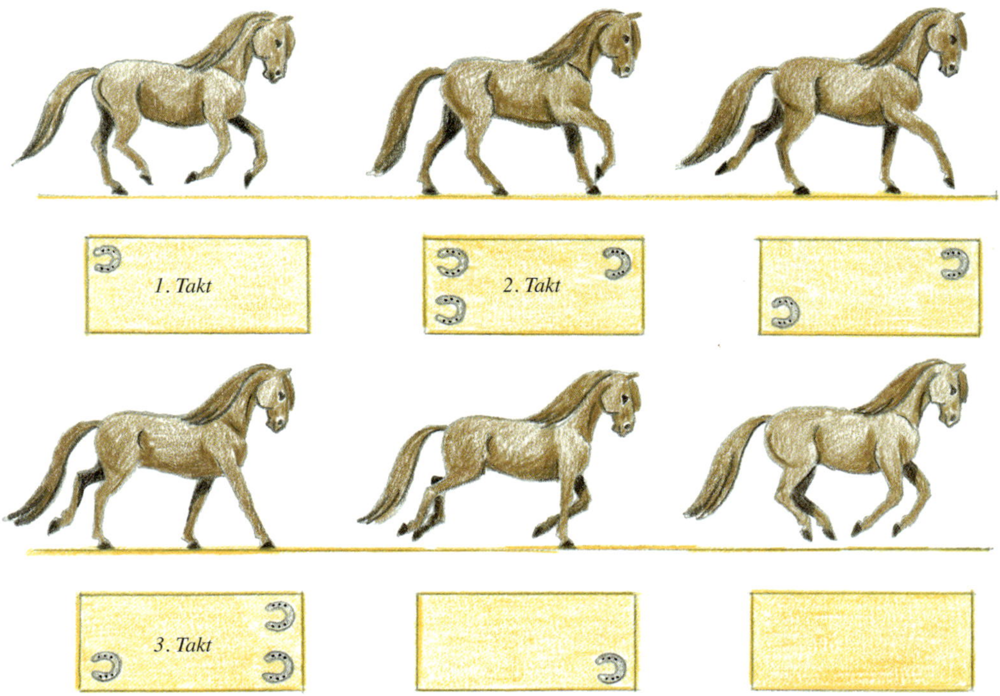

Rechtsgalopp: Dreitakt in sechs Phasen.

Linksgalopp: Dreitakt in sechs Phasen.

Der Galopp hat eine große Bedeutung als Rückengymnastik für das Pferd. Missouri Fox Trotter Sundancer mit Kaja Stührenberg. Foto: T. Ruthof

führen. Nicht nur der Atemrhythmus, sondern auch die Atemtechnik des Pferdes wird verbessert. Besonders in einem leichten, ruhigen Arbeitsgalopp wird bei jedem Galoppsprung das Zwerchfell bewegt: Es pendelt nach vorne, wenn das Pferd die Vorhand belastet, und nach hinten beim Aufnehmen des Gewichts mit der Hinterhand. Durch die Schwingungen wird es gelockert und erhält den Bewegungsspielraum für die Rippen und damit für das tiefe Durchatmen aufrecht.

Wegen seiner großen Wirkung auf die Psyche des Pferdes ist es entscheidend, in welchem Tempo der Galopp geritten wird. Wird der Galopp zu schnell geritten, bekommt man leicht Schwierigkeiten mit Temperament und Spannungen im Pferd. Galopp im Renntempo löst zudem einen Mechanismus der Adrenalinausschüttung aus; Schmerzreize werden dann nicht mehr empfunden. Wenn ein Pferd dies an der gleichen Stelle mehrmals erlebt, führt dies zur Konditionierung; so genannte Galoppstrecken entstehen. Wird er jedoch zu langsam geritten, lässt sich der Reiter Chancen entgehen, das Pferd mehr aus sich herauszuholen. Das kann zum Beispiel sinnvoll sein, um es „anzuschalten“ zum späteren Tölten. Der Trab als Vorbereitung zum Tölt ist für den Rücken lösend, aber häufig emotional zu ruhig. Die Pferde brauchen „Wind in der Mähne“.

Rockingchair Canter, diese Galoppvariante ist zwar langsam, aber nicht versammelt und wendig. Man erkennt es an den weit auseinanderfußenden Hinterbeinen; Tennessee Walker. Foto: L. Lenz

Galoppvarianten: Canter und Galope

Als Canter wird ein sehr kontrolliert und langsam gerittener Galopp bezeichnet. Das Pferd ist nicht im herkömmlichen Sinne versammelt, soll sich aber vorne sehr hoch erheben, sodass für Reiter und Betrachter eine schaukelstuhlartige Bewegung entsteht. Der Canter wird deshalb auch als Rockingchair Canter bezeichnet.

Er kann als „gemütliche" Version ausgeführt werden und bietet sich dann zum Geländereiten an. Wird er mit sehr forcierter Vorhandbewegung ausgeführt, wird er als Showcanter bezeichnet und zum Beispiel in Gangprüfungen der Missouri Fox Trotter vorgestellt. Canter soll als Dreischlag-Galopp ausgeführt werden; in der Praxis ist es jedoch oft ein Vierschlag. Canter wird vorzugsweise bei Tennessee Walkern, Missouri Fox Trottern, Spotted Saddle Horses und American Saddlebred Horses geritten. Er ist diesen Rassen jedoch nicht vorbehalten.

Galope ist die kolumbianische Bezeichnung für einen äußerst stark verkürzten Galopp. Charakteristisch ist der möglichst geringe Raumgewinn mit eher schneller Fußfolge. Die Bewegung der Hinterhand sieht gelaufen aus wie im Trab, die Vorhandbewegung ist flach. Geritten wird diese Gangart in Prüfungen für Troton Galoperos, eine Zuchtrichtung der kolumbianischen Paso-Pferde. Es werden verschiedene Figuren, zum Beispiel Achten („figure eight"), verlangt und bewertet werden Taktreinheit, reduzierter Raumgriff, Brio (Arbeitswille) und Ausstrahlung.

Unerwünschter Pass, Islandpferd. Foto: L. Lenz

DIE LAST MIT DEM PASS

BEDEUTUNG

Der Pass ist eine laterale Zwei-Takt-Gangart. Das Beinpaar einer Seite (das laterale Beinpaar) fußt mehr oder weniger zeitgleich vor und auf.

Es ist unerheblich, ob das Aufsetzen genau zeitgleich oder leicht zeitversetzt erfolgt; wenn die Gangart in eher steifer, schaukelnder Form ausgeführt wird, ist sie in jedem Fall negativ zu beurteilen. Sie führt sehr leicht zu fortschreitenden Verspannungen im Pferd und ist bei den meisten Rassen zudem noch unbequem zu sitzen.

Diese Nachteile erklären sich aus dem Bewegungsablauf dieser Gangart: Im Trab werden die Beine einer Seite zeitlich versetzt auseinander- und wieder zusammengeführt (siehe Gangdiagramm). Die Anspannung von Rücken- und Bauchmuskulatur geht überkreuz. Werden zum Beispiel das rechte Vorderbein und das linke Hinterbein zurückgeführt, sind die Beuger des Bauches rechts aktiv und die Strecker der Kruppe und Lende links.

Im Pass hingegen werden beide Beine der gleichen Körperseite zeitgleich in dieselbe Richtung gezogen. Die Belastung wechselt dauernd von einer Seite zur anderen. Die jeweils belastete Hälfte des Pferdes hat eine viel höhere Muskelspannung (Tonus) als die Gegenseite. Der Tonus ist derart hoch, weil dort das ganze Gewicht getragen wird und gleichzeitig von dieser Seite der Bewegungsursprung für die Schwungbeinphase der anderen Seite ausgeht. Im Pass ist daher der Spannungsunterschied zwischen den beiden Körperhälften des Pferdes erheblich größer als in anderen Gangarten[10].

Durch das gleichzeitige Vorschwingen der lateralen Beinpaare im Pass bleibt zudem der Rumpf des Pferdes starr und die Wirbelsäule wenig beweglich. Die starre Wirbelsäule macht eine korrekte Längsbiegung unmöglich und steht damit jeder sinnvollen Gymnastizierung des Pferdes entgegen. Im Trab hingegen schwingt die Wirbelsäule des Pferdes seitlich aus und bleibt flexibel.

Wird ein Pferd häufig im Pass geritten, führt das zu fortschreitender Rumpfversteifung und infolgedessen leicht zu einer vermehrten Vorhandbelastung mit allen bekannten negativen Auswirkungen.

Es sollte von Anbeginn der Ausbildung des Pferdes darauf geachtet werden, dass es weder bei der Bodenarbeit noch unter dem Reiter jemals Pass geht! Diese Gangart muss konsequent vermieden werden!

Im Viertakt ist die gymnastizierende Situation vergleichsweise wieder besser, weil er auch diagonale Phasen beinhaltet.

Das Wesen der Gangart Pass ist häufig sehr introvertiert. Pferde, die Pass gehen, drücken damit häufig auch aus, dass sie mit ihrer Umwelt, ihrem Menschen nichts zu tun haben wollen.

Nur wenige Gangpferderassen tolerieren eine deutliche laterale Gangmechanik. Die Tennessee Walker Zucht war in der Vergangenheit ohne Pass nicht denkbar und auch beim Peruanischen Paso hat die laterale Bewegung (peruanisch „Huachano“) einen anderen Stellenwert als bei anderen Gangpferderassen. Beim Islandpferd und anderen dazu veranlagten Rassen wird Pass geritten, allerdings nur der fliegende Rennpass, bei dem Schnelligkeit im Vordergrund steht (siehe Kapitel „Rennpass“). Langsamer Pass wird auch bei diesen Pferden generell abgelehnt.

Ursachen

Die Ursachen für Passverschiebungen sind vielfältig. Zunächst ist die genetische Disposition des Pferdes dafür verantwortlich zu machen. Wie die empirische Studie des Kanadiers Eldon Eadie zeigt (siehe Kapitel „Genetik“), hängt die Fähigkeit, Gangqualitäten zum Viertakt aufzulösen, vom Vorhandensein eines so genannten Modifikator-Gens ab. Die Pass-Problematik ist an dieses Gen gebunden und kann bei einem Pferd mit lateraler Veranlagung und fehlendem Modifikator-Gen (Pass/Pass ohne Modifikator) sehr schwierig in den Griff zu bekommen sein.

Erschwerend kann das Gebäude des jeweiligen Pferdes hinzukommen. Gebäudefehler, die das Gleichgewicht und die Harmonie des Pfer-

[10] Brehm, Urs, Dipl. Tiertherapien: bfb (brehm funktionale behandlung), Korrespondenz vom 27.06.2001

des stark stören, wie Überbaut-Sein, ein kurzer, tief angesetzer Hals oder sehr fester Rücken, erschweren die Korrektur. Gebäudebedingte Disharmonien im Bewegungsablauf, zum Beispiel eine stark vorwärts hebelnde Hinterhand, deren Dynamik von einer zu steilen, kurzen Vorhand nicht aufgefangen werden kann, lassen das Pferd den Takt nicht finden und können damit ebenfalls zu Passverspannungen führen.

Nicht unerheblichen Einfluss nimmt auch das Temperament des Pferdes. Wenn ein Gangpferd nur Pass anbietet, ist es entweder sehr energielos, faul und ruhig oder es ist überdreht. Zwischen diesen beiden Spannungsverhältnissen liegt der Viertakt.

Ob sich Passtendenzen verstärken oder wegarbeiten und korrigieren lassen, hängt letztendlich natürlich auch von der Einwirkung des Reiters ab. Ein Reiter, der selber verspannt ist, vielleicht sogar ängstlich, überträgt unweigerlich seine Spannungen auf das Pferd, das darauf mit lateralen Bewegungsabläufen reagieren kann. Nicht selten wird der Pass durch einen zu stark mit der Hand einwirkenden Reiter ausgelöst, der die Hinterhand seines Pferdes nicht entsprechend nachtreibt. Das Pferd wird auf die Vorhand „gezogen“, die Hinterhand fällt aus, die Bewegungen werden kurz, steif und passverschoben. Ein Pferd, das Angst vor der Hand hat, reagiert ähnlich, da es sich nicht traut über den Rücken an die Reiterhand heranzutreten und sich schwer tut, einen stabilen Takt und damit zur Losgelassenheit zu finden.

Abgesehen davon, dass jedes Pferd einen passenden Sattel verdient, kann ein schlecht sitzender Sattel bei Pferden mit Passproblemen auch der Auslöser für diesen Gang sein oder zumindest die Korrektur deutlich erschweren. Denn der Rücken des Pferdes wird bei jeder Bewegung durch einen zu engen, drückenden, falsch aufliegenden Sattel belastet und verspannt sich.

Die Korrektur von Passverschiebungen ist aufwändig und erfordert einen flexiblen Reiter (siehe Kapitel „Taktfehler im Viertakt“).

GYMNASTIZIERUNG I: GYMNASTIZIERUNG IST TIERSCHUTZ

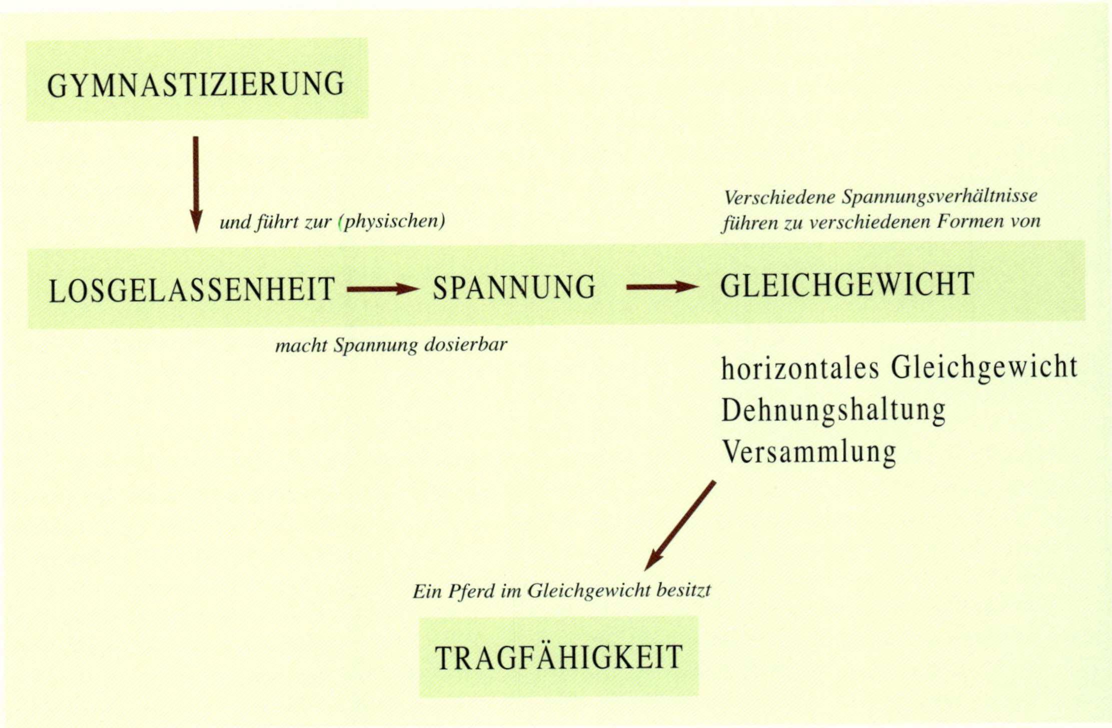

Gymnastizierung führt zur physischen Losgelassenheit. Losgelassenheit macht Spannung dosierbar. Verschiedene Spannungsverhältnisse führen zu verschiedenen Formen des Gleichgewichts. Ein Pferd im Gleichgewicht ist tragfähig.

LOSGELASSENHEIT

Es gibt eine psychische und eine physische Losgelassenheit. Ein losgelassenes Pferd hat die geistigen und körperlichen Voraussetzungen um mitzumachen, das heißt sein Geist ist entspannt und willig zuzuhören, sein Körper und seine Muskulatur sind locker. Diese emotionalen und körperlichen Voraussetzungen sind nicht voneinander zu trennen, denn die psychische Losgelassenheit ist Bedingung für die physische und umgekehrt. Ein gelöstes Pferd ist die Voraussetzung für jede fruchtbare, harmonische und für das Pferd gesunde Zusammenarbeit mit dem Reiter.

Der Begriff locker wird zu oft mit nicht anstrengend gleichgesetzt und mit der Vorstellung eines Western Pleasure Pferdes verbunden. Besser wäre es, mit locker den Begriff beweglich zu assoziieren. Denn nicht nur das am langen Zügel, entspannt vor sich hin trabende

Pferd ist locker. Gerade für schwierige, anstrengende Lektionen, zum Beispiel für ein Schulterherein im Tölt, muss das Gangpferd locker sein. Denn nur ein bewegliches, geschmeidiges Pferd kann gleichzeitig im Genick nachgeben und im Becken abkippen. Von daher widerspricht Losgelassenheit auch nicht spektakulären Bewegungen. Es gibt mehrere Stufen der Losgelassenheit: von locker-ökonomisch bis locker-anstrengend: In dem Moment, in dem der Reiter mehr Spannung aufbaut, kann das Lokkere zum Spektakulären werden. Die Spannung bleibt aber bestimmbar und wird damit nicht zur Verspannung (siehe Kapitel Spannung).

Das Wesen der Losgelassenheit

Psychische Losgelassenheit, das heißt emotionale Zufriedenheit des Pferdes, drückt sich zum Beispiel im entspannten Blick, im freien Ohrenspiel je nach Reiz, im gelassenen Kauen und in einer gleichmäßigen Atmung aus.

Körperliche Losgelassenheit bedeutet, dass Muskeln sich in ihrer vollen Kapazität einsetzen können, nicht gespannt bleiben oder nur in Teilkapazität arbeiten. Ein losgelassener Muskel und sein jeweiliger Gegenspieler arbeiten beide in der vollen Nutzung ihrer Kontraktions- und Dekontraktionsfähigkeit zusammen. Einem in diesem Sinne lockeren Pferd steht die volle Spannbreite seiner Muskulatur für alle erforderlichen Bewegungsabläufe zur Verfügung. Bei einer Muskulatur, die arbeiten soll, aber nicht entsprechend vorbereitet wurde, entstehen durch die mangelhafte Kontraktionsbereitschaft in Sehnen und Bändern Scherkräfte. Läuft ein Pferd unter hoher Belastung (schnelle, enge Kurven, hoch-weite Bewegungen, tiefer Boden), kann es zu Sehnenzerrungen oder bei Höchstbelastungen auch zu einem Abriss kommen. Mit schuld, neben zum Beispiel zu schnellen Drehbewegungen, ist die zu spät einsetzende Kontraktion der Muskulatur und ihre mangelnde Funktionsfähigkeit.

Ein losgelassenes Pferd kann den Takt gut halten. Seine Reaktionen auf die Hilfen sind fein und leicht; es lässt sie jederzeit durch (Durchlässigkeit) und setzt ihnen keinen Widerstand entgegen. Es hat Bewegungsmöglichkeiten in alle Richtungen. Seine Bewegungen sind fließend und weich. Je nach Pferderasse und Gebäude sind sie größer oder mehr oder weniger ausdrucksvoll. Aber sie sind immer harmonisch in ihrem Gesamt-Bewegungsablauf und drücken Leichtigkeit aus.

Nicht vorhandene Losgelassenheit zeigt sich im Gesicht des Pferdes durch eine gespannte Haltung der Ohren, Falten um Nase, Kinn und Augen, zusammengekniffene Augen, hektische Maultätigkeit, hochgezogene Lefzen oder zum Beispiel eine klappende Unterlippe. Die Atmung des Pferdes ist unregelmäßig, stoßweise oder stockend. Die Bewegungen eines nicht losgelassenen Pferdes fließen nicht durch den ganzen Pferdekörper bis zum Schweif. Die Schweifhaltung ist entsprechend fest, weder pendelnd noch schwingend, eventuell schlägt das Pferd mit dem Schweif. Oder es schlägt mit dem Kopf, entzieht sich der Zügeleinwirkung durch Maulaufreißen, Zungenspielen, macht sich im Genick fest. Ein Pferd, das nicht losgelassen ist, drückt Stress, Angst oder auch Ablehnung von Lektionen sehr stark in seiner Haltung aus. Vor allem der herausgedrückte Unterhals, der weggedrückte Rükken und die ausfallende Hinterhand kennzeichnen die verspannte Haltung. Das Pferd macht eckige, ungleiche, exaltierte Bewegungen, meistens verbunden mit Taktfehlern. Es hat nur begrenzte Bewegungsmuster; Stellung und Biegung sind schlecht abfragbar.

Lösungsphase

„Ich reite mein Pferd jetzt erst mal ab, und dann fange ich an zu arbeiten." Das ist einer der größten Irrtümer der Reiterei. Runde um Runde werden die Pferde auf Zirkeln im Trab und Galopp gelangweilt, bis sie nach einer gewissen, meist langen Zeit vermeintlich „warm genug" sind, um mit bestimmten Lektionen beginnen zu können. Warmreiten muss jedoch nicht nur mit einem Aufwärmen der Muskulatur, sondern auch mit einer Motivations- und Konzentrationssteigerung des Pferdes einhergehen. Der Begriff abreiten fällt in der Praxis zu häufig unter Konditionstraining. Sinnvoller ist es, abreiten als gezielte Vorbereitung auf eine bestimmte Lektion zu verstehen. Jedem Abschnitt in einer Reiteinheit muss mit vorbereitenden Übungen neu zugearbeitet werden. Dazu gehört nicht nur das muskuläre Lockermachen, sondern vor allen Dingen auch das Abfragen von Reaktivität und Aufmerksamkeit. Man kann nicht alle geplanten Lektionen vorbereiten und die Vorbereitung dann so lange „lagern", bis man sie braucht.

Davon abgesehen müssen Übungsfolgen auch praktikabel sein. Ganz einfach gesagt: es ist schlecht, wenn man erst nach der Lösungsphase im Galopp feststellt, dass man nicht anhalten kann ... Das Abfragen seitlicher Nachgiebigkeit und Durchlässigkeit auf parierende Hilfen muss bereits in der Lösungsphase „erlaubt" werden, auch wenn sich die Ausführung dieser Abfragen zugegebenermaßen erst mit fortschreitender Losgelassenheit perfektioniert.

Entsprechend der beiden Komponenten der Losgelassenheit besteht eine Lösungsphase zum einen aus Elementen, die die geistige Entspanntheit und Mitarbeit vorbereiten. Zum anderen besteht sie aus Elementen, die die körperliche Entspanntheit fördern, um anschließend eine bestimmte Leistung physisch erbringen zu können.

Förderlich für die geistige Losgelassenheit ist es, wenn dem Pferd der richtige Zugang zur Arbeit gezeigt wurde; wenn es verstanden hat, wie es mit dem Menschen zusammenarbeiten kann und dass es Freude macht. Was ein Pferd als motivierend empfindet, ändert sich mit dem Fortschreiten der Ausbildung. Insofern muss die Lösungsphase ganz individuell auf das Pferd und die Situation abgestimmt werden.

Ein interessantes Fallbeispiel ist von einer sehr guten, klassischen Dressurreiterin bekannt, deren iberischer Hengst zu Beginn des Reitens einfach nicht Schritt am langen Zügel gehen wollte. Vom ehemaligen Leiter der Spanischen Hofreitschule in Wien wurde ihr daraufhin geraten, ihr Pferd bei Betreten der Reitbahn erst für einige Tritte zu piaffieren, vorerst ohne dabei auf eine brilliante, sehr gesetzte Haltung zu bestehen. Das Pferd konnte in der Piaffe seine Überaktivität und damit Spannungen abbauen und danach konnte die Reiterin entspannt den Schritt abfragen. Dies war der geistigen Einstellung des Pferdes dienlicher und löste es schneller, als wenn die Reiterin versucht hätte, mit allen Mitteln den Schritt durchzusetzen, weil „es sich nun mal so gehört".

Zügel aus der Hand kauen lassen zur Überprüfung der Losgelassenheit. Paso Fino Alegre Melodia mit Kaja Stührenberg. Foto: T. Ruthof

Das Wichtigste am Lösen ist, dass es individuell bleibt. Zum Errreichen der geistigen Losgelassenheit kommen Übungen in Frage, die das Pferd gut einstimmen, am Boden beispielsweise Longieren im Schritt und in mittlerer Gangart, sei es Trab oder Viertakt, Seitengänge an der Hand, große, fließende Handwechsel. Unter dem Reiter bietet es sich in der Regel an, am langen bis hingegebenem Zügel großzügige Biegungen mit fließenden Handwechseln, je nach Ausbildungsstand in allen Gangarten, zu reiten. Mit dem Aufnehmen der Zügel und dem anschließenden Abfragen der Stellung wird die Einstimmungsphase meist beendet und es beginnt das körperliche Lockern.

Das rein körperliche Lösen geschieht durch gymnastizierende Aufgaben. Es hängt stark vom Ausbildungsstand des Pferdes ab. Nicht jedes Pferd benötigt in jeder Ausbildungssituation die gleichen Lektionen, um zur Losgelassenheit zu finden. So löst sich ein Pferd ab einem gewissen Niveau sehr gut im Schulterherein: für ein fortgeschrittenes Pferd ist Schulterherein ganz eindeutig eine Dehnungsübung, denn die Außenseite wird durch die Biegung deutlich gedehnt. Der Reiter fragt beide Seiten ab – ist rechts dehnbar? Ist links dehnbar? – und dann kann er zu schwierigeren Lektionen starten. Für ein Pferd, das diese Lektion noch nicht gewohnt ist, stellt sie körperlich und geistig eine zu hohe Anforderung dar und würde

Losgelassenheit im Viertakt zeigt sich vor allen Dingen in der Takt-Stabilität. Paso Fino Alegre Melodia mit Kaja Stührenberg. Foto: T. Ruthof

deshalb nicht lösend wirken. Die Lösung eines fortgeschrittenen Pferdes ist mit einem Balletttänzer vergleichbar, der seine Dehnübungen vielleicht mit einem Spagat beginnt – eine Übung, die einem „Normalbürger" sicherlich nicht sehr lösend vorkommen wird und womöglich erst am Ende einer Übungseinheit steht. Lösen ist daher sehr eng gekoppelt mit dem Maßhalten der Anforderungen. Der Reiter braucht ein gutes Gespür dafür, wie viel er seinem Pferd zumuten kann, wie er die Anforderungen optimal steigern kann.

Prüfstein für Losgelassenheit ist seit jeher das Zügel-aus-der-Hand-kauen-Lassen (siehe auch Kapitel „Dehnungshaltung"). Das Pferd soll sich dabei aktiv entspannen. Ist es in sich locker, dann dehnt es sich langsam in der gesamten Länge des gegebenen Zügels nach vorwärts-abwärts, bleibt dabei im Takt, schleppt nicht, eilt nicht, verliert nicht das Gleichgewicht.

Die Zügellänge gibt den Rahmen vor, in dem sich das Pferd bewegt. Es darf dem Reiter nicht die Zügel aus der Hand reißen. Ist das Pferd verspannt, bleibt seine Haltung starr und fixiert, sein Bewegungsrahmen ändert sich nicht.

Losgelassenheit im Viertakt

Ob ein Pferd sich im Viertakt lösen kann, hängt neben seinen biologischen Möglichkeiten und der momentanen Situation auch stark von den Erfahrungen ab, die es mit dieser Gangart gemacht hat. Hat das Pferd den Viertakt in Verbindung mit unangenehmen Gefühlen, mit Stress oder Schmerz kennen gelernt, wird es sich darin nicht lösen können.

Losgelassenheit im Viertakt zeigt sich vor allen Dingen in der Takt-Stabilität des Pferdes.

Es kann einen bestimmten Takt und ein bestimmtes Tempo halten. Es lässt sich aber auch jederzeit in Lektionen variieren – zum Beispiel zu einem höheren Versammlungsgrad oder zu höherem Tempo – und wieder zurückführen, ohne dass muskuläre Widerstände zu überwinden wären.

Bis zu einem gewissen Grad kann der Reiter auch in den Viertakt-Gangarten mit entsprechend freier, tiefer werdender Haltung die Zügel aus der Hand kauen lassen. Allerdings können nicht alle Pferde den komplizierten Bewegungsablauf im Viertakt in dieser Haltung beibehalten. Ist die Überprüfung der Losgelassenheit im Viertakt nicht möglich, muss der Reiter zur Kontrolle seiner Arbeit auf die anderen Gangarten zurückgreifen, zum Beispiel das Pferd im Schritt oder Trab sich dehnen lassen.

SPANNUNG

Das losgelassene Pferd, dem die volle Spannbreite seiner lockeren Muskulatur zur Verfügung steht, ist die Voraussetzung, um Körperspannung dosierbar zu machen. Denn Leistung ist ohne eine gewisse Körperspannung nicht möglich. Jede Gangart, jede Lektion hat ihre spezifische Spannungs- und Balancesituation, ihre eigene Kraft und Mechanik. Jedes Reitpferd muss durch entsprechende Gymnastizierung lernen, seine Muskeln je nach Anforderung anzuspannen oder aber zu entspannen. Spannung dosierbar zu machen ist ein Ziel der Ausbildung. Damit werden unter anderem die Gänge „geschaltet".

Ein entspanntes Pferd ist flexibel. Das Anspannen und Entspannen seiner Muskulatur kann oft wiederholt werden, ohne dass man dabei in irgendeiner Form auf Widerstand stößt oder beim Pferd merkliches Unbehagen auslöst. Eine Muskelspannung, die beim gut gerittenen Pferd in allen Gangarten je nach Wunsch des Reiters auf- und wieder abgebaut werden kann, kann nicht negativ beurteilt werden. Sie ist im Gegensatz zur Verspannung in einigen Fällen sogar unerlässlich, nämlich genau dann, wenn eine vermehrte Energie zugunsten des Ausdrucks notwendig wird. Möchte man einen freien Tölt am langen Zügel in einen ausdrucksvolleren Tölt mit mehr Aktion umwandeln, so ist hierzu seitens des Pferdes deutlich mehr Kraft notwendig. Um den Tölt mit diesem Ausdruck zu realisieren, muss das Pferd eine insgesamt höhere Muskelspannung halten. Es muss jedoch als Garant für die Rittigkeit (und die Gesundheit) jederzeit wieder in der Lage sein, sich auf Wunsch des Reiters zu entspannen.

Die Grenze zur Verspannung ist überschritten, wenn ein Pferd in einer Haltung fixiert bleibt, aus der es sich nicht mehr heraustraut. Dies ist das Hauptkennzeichen von Verspannung. Der Muskel kann zwar angespannt werden, er kommt jedoch aus diesem Spannungszustand nicht mehr ganz heraus. Soll die Anspannung gelöst werden, stößt man auf Widerstände und Unwillen beim Pferd.

Verspannte Muskeln können nicht ökonomisch arbeiten, es wird immer ein Teil funktionsunfähig bleiben und deshalb nicht mit voller Kapazität arbeiten. Beim Pferd hat dies neben unangenehmen psychischen und physischen Eindrücken (Schmerz) zur Folge, dass Bewegungen nicht in dem Maße mit harmonischem

Kontraktionsamplitude (Möglichkeit);
biologisch gesehen ist diese stets etwa gleich hoch

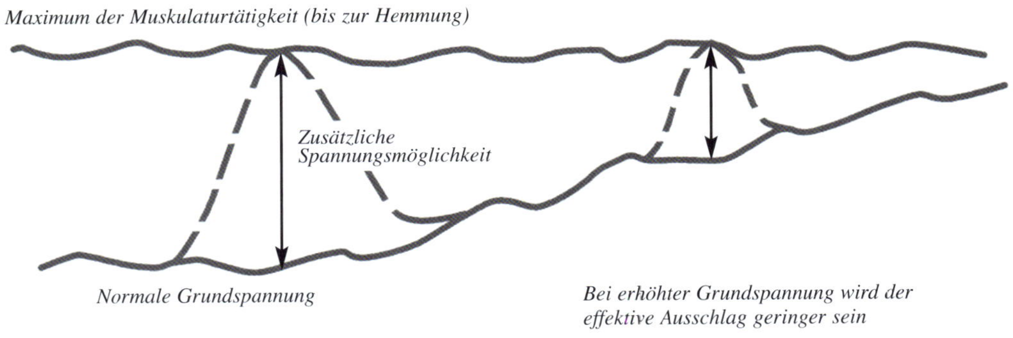

Die Spannung im Pferd sollte wie mit einem Jojo auf- und wieder abgebaut werden können. Die höhere Muskelspannung für die Trabverstärkung (oben) kann jederzeit heruntergefahren werden in eine Dehnungshaltung (unten) oder von dort aus erneut wieder aufgebaut werden. Gangveranlagter Shagya Araber Ben mit Andrea Jänisch. Fotos: C. Slawik

Ausdruck ausgeführt werden, wie es im gesunden Zustand von geregelter Spannung und Entspannung der Fall wäre. Je höher die Grundspannung im Pferd ist, desto geringer sind die zusätzlichen Kontraktionsmöglichkeiten (siehe Seite 53).

Dies ist ein wichtiger Grund, die Grundspannung im Pferd gering zu halten. Allerdings steht es außer Frage, dass ein Pferd mit hoher Spannung spektakulär sein kann. Dies ist sogar häufig eine Voraussetzung für Schaueffekte. Die körperliche und geistige Erschöpfung wird allerdings umso früher einsetzen.

Die Spannung im Pferd sollte über die Körperspannung im Reiter (siehe Kapitel „Sitz“) je nach Bedarf wie mit einem Jojo aufgebaut (hochgezogen) und wieder abgebaut (fallen gelassen) werden können.

In diesem Zusammenhang ist auch die Impulsion zu verstehen, die entsteht, wenn der Energiefluss nicht auf Widerstände im Pferdekörper stößt. Sie setzt sich zusammen aus Schwung plus Lockersein. Schwung könnte auch ein in sich festes Pferd haben. Das ist zum Beispiel manchmal in Trabverstärkungen zu sehen, wenn das eigentlich noch verkrampfte Pferd seine Vorderbeine weit nach vorne hinaus schleudert. Je lockerer ein Pferd ist, desto mehr Impulsion kann es bekommen.

Spannung im Viertakt

Auch zum Tölten, Foxtrotten und Walken braucht das Pferd eine adäquate Körperspannung, aber eben keine Verspannung! Wie jeder anderen Gangart auch ist den verschiedenen Viertakt-Varianten eine eigene Grundspannung und Balance zuzuordnen, in der das Pferd locker und entspannt gehen kann.

Der Grad der Spannung im Viertakt hängt von verschiedenen Faktoren ab.

1. Einmal ist er von Rasse zu Rasse gerade bei den Gangpferden sehr unterschiedlich. So ist die Grundspannung eines Paso Finos häufig sehr viel höher als beispielsweise die eines Mangalarga Marchadors.

2. Die Spannung ist zudem vom gerittenen Tempo abhängig. Tempoverschiebungen nach oben oder unten gehen mit Spannungsveränderungen im Muskeltonus des Pferdes einher.

3. Verschiedene Viertakt-Varianten erfordern unterschiedlich viel Spannung und kosten unterschiedlich viel Kraft. Ein American Saddlebred Horse wird im Rack kaum einen ganzen Distanzritt durchhalten. Es gibt aber durchaus Viertakt-Varianten, die man sehr wohl einen ganzen Distanzritt durchhält, beispielsweise Fox Trot oder Marcha Batida, die in Nord- und Südamerika als typische Langstreckengangarten gelten, weil sie auf Grund der fehlenden Schwebephase kraftsparender sind als Trab.

Das Gleichgewicht des Pferdes

„Definitionsgemäß (ist) jedes Gleichgewicht nur von kurzer Dauer. Und jedes ‚Gleichgewicht in Bewegung' will deshalb fortwährend neu gesucht, neu austariert, neu eingestellt und vervollkommnet werden.“ Sadko Solinski[11]

Wie oben beschrieben, gibt es also für verschiedene Pferde(rassen), verschiedene Lektionen und verschiedene Gangarten unterschiedliche Spannungsverhältnisse. Diese Unterschiede

[11] Solinski, Sadko: *Das Gymnasium des Freizeitpferdes*, Olms Verlag 1991, S. 77

in der Körperspannung führen zu verschiedenen Gleichgewichtssituationen (Balance). Sie unterscheiden sich darin, wie sie den Schwerpunkt unterstützen.

Der Schwerpunkt des Pferdes kann nach vorne und hinten verlagert werden. Es ändern sich die Verhältnisse seiner Unterstützung. Die optimale Unterstützung des Schwerpunktes trägt maßgeblich zum Gleichgewicht des Pferdes bei.

Mit einem Pferd im Gleichgewicht wird zu oft nur das weitgehend versammelte Pferd assoziiert. Die Frage ist jedoch immer: kann ein Pferd seinen Schwerpunkt dorthin verlagern und unterstützen, wo es gerade gebraucht wird?
Sowohl ein richtig gerittenes Western Pleasure Pferd ist im Gleichgewicht als auch ein gesetzt piaffierender Andalusier, ein taktklar töltender Paso Iberoamericano oder ein Holsteiner, der fehlerfrei einen Springparcours nimmt. All diese Pferde können ihren Schwerpunkt nämlich dort unterstützen, wo es gerade notwendig ist.

Man kann sich die Balance bildlich folgendermaßen vorstellen: Eine schwere Bowlingkugel liegt im Schwerpunkt des Pferdes, das heißt etwas vor dem Reiterbein, im Brustraum des Pferdes. Der Reiter sollte immer so vorausschauend reiten, dass diese Kugel stabil am Platze bleibt. Wenn also zum Beispiel das junge Pferd über die innere Schulter in eine Biegung fällt, würde die Kugel gegen die Wand „donnern". Jeder Tempowechsel, jeder Richtungswechsel, jedes Aufnehmen sollte so geritten werden, dass die Gesamtharmonie, die Gesamtbalance und damit auch die Kugel stabil bleiben. (Dieses Bild entspricht nur dem Reitgefühl, dem Erlebten, nicht den Tatsachen.)

Je nach Anforderung muss das Gewicht fließend verlagert werden können. Dazu braucht es einen vorausdenkenden Reiter, der auf die Stimmigkeit der Balance achtet. Ohne diese fließende Anpassung der Balancesituation gibt es keine Losgelassenheit, da immer wieder eine Störung auftreten wird. Das Pferd muss diese Gleichgewichtsstörung ständig wieder durch stabilisierende Gegenkraft kompensieren. Es wendet dazu mehr Kraft auf als eigentlich notwendig wäre und verspannt sich dabei leicht. Jede Störung der Balance macht daher Ausgleichsmaßnahmen von Seiten des Reiters und des Pferdes notwendig. Vorausschauendes Reiten ist unerlässlich. Wenn der Reiter nicht zentriert und fein abgestimmt reitet, wird er das Pferd in seinem Gleichgewicht immer wieder irritieren.

Balance erkennen

Schon beim frei laufenden (Jung-) Pferd lassen sich die Gleichgewichtsverhältnisse erkennen.

Ein im Gleichgewicht gestörtes Pferd wird den Takt in der jeweiligen Gangart nicht gut halten können, es wird den Gang wechseln, zum Übereilen neigen, die Kurven sehr eckig nehmen, auf die innere Schulter fallen, Kreuzgalopp gehen.

Hingegen kann ein Pferd mit einem guten Balancegefühl mit seinem Gleichgewicht geradezu spielen. Es wird es jeweils so wählen, wie es für die Eskapaden – Bocken, Steigen, scharfe Wendungen – gebraucht wird, die es gerade macht, und wird dabei selten aus dem Takt oder der Bewegungsharmonie kommen.

Ein Pferd, das im Gleichgewicht ist, bewegt sich fließend und harmonisch, hält den Takt,

Oben: Jungpferd in gutem natürlichen Gleichgewicht.
Foto: L. Lenz

Unten: Jungpferd mit weniger gutem natürlichen Gleichgewicht; es fällt auf die innere Schulter.
Foto: L. Lenz

Das gut ausbalancierte Pferd unterstützt seinen Schwerpunkt dort, wo es für die Eskapaden, die es gerade macht, gebraucht wird. Foto: L. Lenz

bleibt im Tempo stabil, schleppt nicht, eilt nicht, findet damit zur Losgelassenheit, hat für die Aufgabe, die es gerade erfüllen soll (sei es ein Distanzritt oder ein Töltpreis-Wettbewerb) einen ökonomischen Bewegungsablauf.

Bleibt man bei dem Bild mit der Bowlingkugel, dann zeigt sich der Fortschritt in der Ausbildung in einer ruhig liegenden Kugel, im stabilen Gleichgewicht und der zunehmenden Kurvenstabilität. Diese Entwicklung schreitet progressiv fort, indem der Reiter die Kugel im Pferd umplatzieren kann und die Gleichgewichtssituation des Pferdes je nach Tempo, Gang und Lektion verändert. Die Kugel muss harmonisch umplatziert werden, damit das Pferd folgen kann. Sie darf nicht „durch die Gegend sausen". Hierzu ist als wesentliches Element beim gerittenen Pferd der zentriert sitzende, ruhige Reiter notwendig, der das gefundene Gleichgewicht nicht stört. Er muss die Bewegungen des Pferdes durch Veränderungen seines eigenen Schwerpunktes (Becken) dirigieren können, nur gegebenenfalls unterstützt durch Zügel- und Schenkelhilfen.

Im Wesentlichen kann man drei unterschiedliche Gleichgewichtssituationen beim Pferd unterscheiden:

1. freie Selbsthaltung, möglichst im horizontalen Gleichgewicht

2. Dehnungshaltung

3. Versammlung

Horizontales Gleichgewicht

Das natürliche Gleichgewicht ist die Ausgangsbasis, aus der heraus der Ausbilder agiert. Das heißt, er muss dafür Sorge tragen, dass das (junge) Pferd mit dem ungewohnten Reitergewicht möglichst bald in seine natürliche Balancesituation zurückfindet. Oder – wenn die natürliche Situation wenig locker und ausbalanciert war – ihm durch gymnastische Übungen helfen, in ein lockeres, horizontales Gleichgewicht zu finden.

Die Haltung des Pferdes, in der es sich ohne reiterliche Einwirkung in verschiedenen Gängen bewegt, bezeichnen wir als freie Selbsthaltung.

Freie Selbsthaltung im Tölt, Paso Iberoamericano.
Foto: N. v. Gersdorff

Freie Selbsthaltung im Trab, Paso Fino.
Foto: L. Lenz

Freie Selbsthaltung im Galopp, Mangalarga Marchador.
Foto: C. Slawik

Je nach seiner gebäudebedingten und angeborenen Balancesituation stellt es sich dabei geschickter oder weniger geschickt an, ist locker oder nicht, kennt viele Bewegungsmuster oder wenige. Es bewegt sich in aller Regel in einem horizontalen Gleichgewicht. Der Schwerpunkt steht im optimalen Verhältnis zu den Hebeln der Gliedmaßen. Bei der Beurteilung der Gleichgewichtssituation muss unbedingt die Zuchtausrichtung der jeweiligen Rasse Beachtung finden. Für verschiedene Verwendungszwecke ist ein von Natur aus anderes Gleichgewicht notwendig. So ist zum Beispiel für einen Araber, der auf ökonomische Langstreckenleistung ausgelegt ist, eine gewisse Überbauung und ein waagerechtes Becken sinnvoll. Seine Hinterhand ist gar nicht zum Tragen konzipiert. Einmal „in Gang gesetzt", läuft der Araber seinem vorgelagerten Gleichgewicht immer hinterher.

Ein Pferd muss nicht in Dehnungshaltung oder Versammlung gehen, um tragfähig zu sein. Es kann auch in einem horizontalen Gleichgewicht das Reitergewicht ausbalancieren. Unabdingbare Voraussetzung dafür ist aber, dass das Pferd konsequent locker ist. Denn nur dann kann es sich körperlich so einrichten, wie es für das Reitergewicht und die Anforderungen notwendig ist. Schaden nehmen nur Pferde, die starr sind, weil ihre Gelenke in einer unphysiologischen Haltung belastet sind und ihre Wirbel sich nicht bewegen können.

Vor diesem Hintergrund erklärt es sich, dass es auch für ein ganz junges Pferd eine stimmige Balance gibt und dass es nicht nur die fortgeschrittene, versammelte Balance gibt.

Auch für das junge Pferd gibt es bereits eine stimmige Balance. Dieser junge Mangalarga Marchador geht noch in zu freier Selbsthaltung in der Marcha Picada.
Foto: L. Lenz

Es ist genauso wichtig beim ganz jungen Pferd auf eine stimmige Gleichgewichtssituation zu achten. Denn sie ist die Voraussetzung, um überhaupt zu Takt und Losgelassenheit zu kommen. Takt, als erster Punkt der Skala der Ausbildung, kann nicht gewährleistet werden, wenn die Bowlingkugel (unser Gleichgewichts-Indikator) nicht ruhig getragen wird, wenn der Reiter nicht darauf achtet, alle Lektionen in einem harmonischen Zusammenhang abzufragen.

Auch im horizontalen Gleichgewicht wirkt der Reiter auf die Dehnung der Hals- und Rückenmuskulatur ein; spätestens in dem Moment, wo das Pferd zu korrekten Biegungen aufgefordert wird und sich die äußere Pferdeseite verlängern und dehnen muss. Beim Reiten in Stellung oder Biegung wird auch in freier Selbsthaltung sofort spürbar, wie der Rücken beginnt, positiv zu arbeiten, das heißt zu schwingen. Eine gesundheitliche Gefahr liegt nur in der Immobilität der Wirbelsäule. Das horizontale Gleichgewicht ist die Haltung, in der das junge Pferd und das Pferd beim Ausreiten vor allen Dingen geritten wird.

Dehnungshaltung

In der konventionellen Reiterei hat das Reiten in Dehnungshaltung einen sehr großen Stellenwert. Im Schritt, und vor allen Dingen im Trab, werden die Pferde über einen langen Zeitraum „in die Tiefe geritten". Auch eine einzelne Arbeitseinheit an der Longe oder beim Reiten findet zu einem hohen Prozentsatz in der Tiefe statt. Wie sinnvoll ist diese Arbeit?

Betrachten wir Pferde auf der Weide in ihrem natürlichen Umfeld, so stellt man fest, dass ihre Köpfe im Stehen und im Schritt zu einem hohen Prozentsatz recht tief sind – sei es zur Futtersuche oder zum Dösen. Diese Haltung ist im Schritt sehr häufig anzutreffen und daher als „normal" anzusehen. Aber wie viele Pferde laufen im Trab, Galopp oder gar Tölt in dieser gedehnten Haltung über die Weide? Kaum ein Pferd. Einzige Ausnahme sind Hengste bei der „Spurensuche" oder beim Treiben ihrer Herde: sie haben dabei auch in schnelleren Gangarten den Kopf sehr tief genommen. Ansonsten bewegen sich frei lebende Pferde in schnelleren Gangarten überwiegend in einem horizontalen Gleichgewicht. Je nach natürlicher Haltung des Pferdes wird der Kopf dabei mittelhoch bis höher getragen. Sehr hoch wird der Hals nur bei größerer Spannung, Aufregung, Imponiergehabe oder beim Spiel aufgerichtet. Interessant für uns als Reiter ist also die mittlere Haltung, wenn sich das Pferd zum Beispiel im Trab entspannt von A nach B bewegt, im oben genannten horizontalen Gleichgewicht.

Schon wenn ein Pferd ohne Reiter einen langen Zeitraum, zum Beispiel eine halbe Stunde Longenarbeit, in extremer Dehnungshaltung gehen soll, ist das Gewicht entschieden mehr auf der Vorhand als auf der Hinterhand. Mit dem Reitergewicht zusätzlich in der Nähe der Vorhand und mit zunehmender Geschwindigkeit wird sie noch mehr belastet. Die Vorhand wurde von ihrer Anatomie her nicht zum Tragen, sondern zum Stützen konstruiert (weniger Winkelung als in der Hinterhand, keine knöcherne Anbindung der Schulter an die Brustwirbelsäule). Durch die Unnatürlichkeit einer längerzeitigen Dehnungshaltung kommt es zu Verspannungen. Vorwärts-abwärts ist daher nicht generell als reine Entspannung zu betrachten, sondern bei zu intensiver Anwendung auch eine Überlastung der Vorhand. Um diese Überforderung zu kompensieren wird das Pferd in Teilbereichen seiner Muskulatur ein Korrektiv einbauen, seine Schultern werden zusammengezogen, seine Bewegungen werden „stumpf" und abgehackt (siehe zum Beispiel schlecht gerittene Western Pleasure Pferde). Das Reiten in Dehnungshaltung dient vor allem der psychischen Entspannung. Sicher wird die Muskulatur der Oberlinie dabei länger (gedehnt), aber ein Reiten in korrekter Biegung im horizontalen Gleichgewicht wird den gleichen Erfolg bringen.

Natürlich darf man bei allem horizontalen Gleichgewicht das Zügel-aus-der-Hand-kauen-Lassen und die daraus für einen gewissen Zeitraum resultierende Dehnungshaltung nicht außer Acht lassen. Zügel-aus-der-Hand-kauen-Lassen wird angewandt, um zu überprüfen, ob das Pferd verspannt ist, ob es noch physisch und psychisch losgelassen ist (siehe Kapitel „Losgelassenheit"). Dieses Vorwärts-abwärts-Dehnen muss jederzeit möglich sein, denn es beweist, dass die Muskulatur locker und jederzeit anpassbar ist an das Maß der Aufrichtung, der Versammlung, der Spannung oder des Raumgriffs, das der Reiter dem Pferd mit seinen Hilfen vorgibt. Diese Überprüfung kann und sollte auch in schnellerer Gangart vorgenommen werden.

Zügel aus der Hand kauen lassen im Galopp – eine schwierige Lektion für viele Gangpferde. Dieses Pferd müsste sich noch weiter abwärts dehnen. Paso Peruano Mariscal mit Andrea Jänisch. Foto: C. Slawik

Der entscheidende Punkt ist jedoch, dann nicht längere Zeit in dieser Haltung zu bleiben, sondern die Zügel – vielleicht nach einer langen Seite oder einem Zirkel in Dehnungshaltung – wieder aufzunehmen und in einem stimmigen Gleichgewicht weiterzuarbeiten. Das gilt für junge wie für fortgeschrittene Pferde, für das horizontale Gleichgewicht wie für die (graduelle) Versammlung.

Eine solche Überprüfung der Dehnbarkeit ist völlig ausreichend. Das Pferd braucht nicht über einen längeren Zeitraum auf die Vorhand geritten zu werden, denn das bringt keinen reittechnischen Nutzen. Das Pferd verliert langfristig sein Gleichgewicht, seine Kadenz, seinen Ausdruck und schränkt die Tragkraft der Hinterhand zunehmend ein. Es ist wenig sinnvoll, das Pferd in ein schwieriges Gleichgewicht (langzeitige Dehnungshaltung) zu bringen, aus dem es im Zuge der Ausbildung ohnehin wieder herausgearbeitet wird in Richtung Versammlung oder zumindest gradueller Versammlung zugunsten von Leichtigkeit, Regulierbarkeit und Gesundheit. Bei der Arbeit im horizontalen Gleichgewicht erhält man sich von vornherein Faktoren wie die Tragkraft der Hinterhand, ein natürliches Gleichgewicht und Takt.

Dehnungshaltung im Viertakt

Ein Zügel-aus-der-Hand-kauen-Lassen und eine Dehnungshaltung im Viertakt sind möglich, jedoch schwieriger zu realisieren. Das Bewegungsmuster in den meisten Viertakt-Gangarten ist an eine relativ hohe Selbsthaltung gebunden. Insofern entspricht das Abstrecken zum Beispiel im Tölt so gar nicht dem natürlichen Verhaltensrepertoire des Pferdes. Hat ein Pferd stark ausgeprägte Viertakt-Veranlagung oder gar keine Tendenzen zu Trab oder Pass, kann es bei fortgeschrittener Ausbildung auch in dieser Gangart kurze Strecken nach vorwärts-abwärts geritten werden. Ansonsten ist es eher schwierig, da zum Beispiel viergängig, also mit Viertakt-Gangart und Trab gerittene Pferde gelernt haben, auf eine Vergrößerung des Rahmens und eine tiefere Einstellung mit einem Wechsel vom Viertakt zu Trab zu reagieren. Beim Pferd mit mehr lateraler Veranlagung führt das Zügel-aus-der-Hand-kauen-Lassen im Viertakt schnell zu einem Taktverlust in Richtung Pass, da die spezifische Spannung für den Tölt nicht mehr gehalten wird.

Versammlung

Ähnlich wie die Losgelassenheit hat auch die Versammlung eine psychische und eine physische Komponente. Die geistige Versammlung des Pferdes bedeutet höchste Konzentration auf den Reiter, seine uneingeschränkte Bereitschaft zuzuhören und mitzumachen.

Die körperliche Versammlung umfasst Beizäumung und Hankenbeugung des Pferdes. Es geht in relativer Aufrichtung und mit geringem Raumgriff. Die Kraft des Pferdes wird nach oben, nicht ins Vorwärts umgesetzt. Das Pferd macht kadenzierte Bewegungen, das heißt sehr rhythmische, betonte Bewegungen bei geregeltem Takt. Die Bewegungen gewinnen an Höhe und Intensität.

Der Gipfel der Versammlung ist die Piaffe, die in die Levade übergeht. Dabei wird das gesamte Gewicht von Pferd und Reiter voll von der Hinterhand übernommen.

Ist das Pferd graduell mehr versammelt oder wirklich versammelt, bewegt es sich auf einer kleineren Unterstützungsfläche als im horizontalen Gleichgewicht oder in der Dehnungshaltung. Damit wird sein Gleichgewicht für den Reiter leichter zu beeinflussen. Das bedeutet, die Hilfen können leichter und feiner werden.

Der Reiter auf dem versammelt gehenden Pferd muss mehr darauf achten, das Gleichgewicht nicht zu stören, hat es aber auf der anderen Seite sehr viel leichter, das Pferd durch seine Hilfen in Richtung und Haltung zu variieren.

Diese Kriterien sind so auch auf das Gangpferd übertragbar. Allerdings ist mit der Zuordnung des Begriffs Versammlung Vorsicht geboten. Allzu oft wird er falsch gebraucht. So spricht man zum Beispiel von einem *collected walk* (versammelter Walk) oder auch einem *col-*

Eine große Unterstützungsfläche (a) ist schwieriger zu beeinflussen als eine kleine (b). a) entspricht dem Pferd im horizontalen Gleichgewicht – b) entspricht dem (graduell) versammelten Pferd

a) *b)*

Eine hohe Form der Versammlung ist die Piaffe; Bonitao de Cadaval mit Andrea Jänisch. Foto: S. Stuewer

lected classic fino (versammelter Classic Fino), die jedoch den klassischen Kriterien der Versammlung nicht entsprechen. Deshalb hier noch einmal die Aspekte, die Versammlung kennzeichnen und auch für den Viertakt gültig sind:

- Das Pferd beugt die Hanken in allen fünf Gelenken.
- Die Bewegungen des Pferdes werden relativ zum Grundtempo langsamer und erhabener. Sie sind kürzer. Das Pferd geht mit weniger Raumgewinn.
- Das Pferd geht in relativer Aufrichtung.
- Bei steigender Versammlung kippt das Becken des Pferdes zunehmend mehr ab.
- Bei steigender Lastaufnahme der Hinterhand schränkt sich die Bewegungshöhe der Hinterhand ein. Ein hohe Hinterhandbewegung ist dann nicht mehr möglich.
- Die Versammlung erlaubt enge Wendungen und das Reiten kleiner Figuren.

Das Reiten in Versammlung muss immer wieder durch Phasen in Dehnungshaltung oder horizontalem Gleichgewicht abgelöst werden. Kein Pferd kann lange Zeit in höchster geistiger und körperlicher Anspannung geritten werden, ohne darauf mit Abwehr in Form von Überdrehtheit, Verspannung, Lustlosigkeit oder Konzentrationsschwäche zu reagieren. Aus der Versammlung heraus muss das Pferd jederzeit sofort Schritt am langen Zügel gehen können.

Gleichgewicht im Viertakt

Im Viertakt sieht die Gleichgewichtssituation nicht anders aus als in anderen Gangarten. Je nach Anforderung, zum Beispiel akzentuierter Paso Corto, ökonomische Marcha Batida, rasanter Renntölt, Schulterherein im Tölt oder Geländeritt im Fox Trot, unterstützt das Gangpferd seinen Schwerpunkt weiter vorne oder hinten und passt sein Gleichgewicht damit den Erfordernissen an.

Es ist sogar so, dass der Tölt und seine Varianten Gangarten sind, in denen das Gleichgewicht vergleichsweise leicht zu stabilisieren ist, weil sie immer stützende Phasen haben. Je mehr Dynamik, je mehr Schwung, je mehr Sprungphasen, wie im Trab oder Galopp, desto schwieriger wird es, das Gleichgewicht gut zu kontrollieren und fein abzustimmen. Gerade Pferde mit großen Hebeln (überdimensionierte Hinterhand im Verhältnis zur Vorhand) sind im Viertakt häufig leichter zu kontrollieren als im Trab. Auch bei sehr temperamentvollen Pferden ist der Viertakt oft der Einstieg, um überhaupt erst einmal in Gleichgewicht und Tempostabilität hineinzufinden, auch wenn es schwieriger ist, im Viertakt die anderen Rittigkeitskriterien, zum Beispiel schwingender Rücken oder Biegsamkeit, zu erfüllen. Schrittarbeit in sehr langsamem Tempo sollte daher begleitend eingesetzt werden.

TRAGFÄHIGKEIT

In den oben beschriebenen drei Gleichgewichtssituationen ist ein Pferd also tragfähig. Noch einmal kurz gefasst:

1. das horizontale Gleichgewicht: für das junge Pferd, zum Ausreiten, zum Entspannen

2. die Dehnungshaltung: zur Überprüfung der Losgelassenheit, für längere Schrittphasen

3. die Versammlung: für alle höheren Lektionen, für mehr Ausdruck und Leichtigkeit

1. Im horizontalen Gleichgewicht ist das Pferd dann tragfähig, wenn es vom Genick bis zum Schweif konsequent locker ist. Denn dann fixieren sich die Dornfortsätze nicht in einer unphysiologischen Haltung, zum Beispiel in Form eines weggedrückten Rückens oder einer herausgestellten Hinterhand, sondern sie können sich bis zu einem gewissen Grad trotz Reitergewicht wieder aufrichten. Die Hinterhand des Pferdes schwingt frei vor.

2. In der Dehnungshaltung dehnt das Pferd Kopf und Hals vorwärts-abwärts und tritt mit der Hinterhand gut unter sich. Das heißt, das Pferd trägt seinen Kopf tiefer und ändert damit den Winkel vom Hals zum Rücken. Es dehnt die Oberlinie. Dadurch kommt eine gewisse Zugspannung auf die Wirbelsäule. Zudem tritt es infolge einer Kontraktion der Bauchmuskeln mit der Hinterhand in Richtung Schwerpunkt. Damit wird der Beckenwinkel für den Moment des Untertretens kleiner, die Lendenwirbelsäule wird aufgerichtet und es kommt auch von hinten Zugspannung auf den Rücken. Diesen Effekt kann man bei sich selbst probieren: Wenn man im Stehen

ein Bein gewinkelt nach vorne schwingt, merkt man wie sich die Lende stabilisiert; man kann nicht mehr in ein Hohlkreuz fallen.

3. In der Versammlung ändert sich durch die Beizäumung der Winkel von Kopf zu Hals und es kommt Spannung auf das Nackenband. Diese Spannung reicht je nach Lockerheit des Pferdes bis in den Rücken hinein und sorgt damit schon für einen Teil seiner Stabilisierung. Das kann jeder bei sich selber ausprobieren, wenn er/sie sich gerade hinstellt und einmal das Kinn Richtung Brust führt. Gleichzeitig verkleinert sich durch eine Kontraktion der Bauchmuskulatur der Beckenwinkel des Pferdes. Knie-, Sprung- und Fesselgelenk winkeln sich vermehrt an (Hankenbeugung). Das Pferd „setzt sich", sein Schwerpunkt erhält eine kleinere Unterstützungsfläche und es kommt von hinten stabilisierende Zugspannung auf die Dornfortsätze. Je nach Ausprägung dieser Haltung spricht man von Geschlossenheit oder (gradueller) Versammlung. Im Unterschied zur Dehnungshaltung und zum horizontalen Gleichgewicht bleibt das Becken in der Bewegung abgekippt (gewinkelt), die Hinterhand tritt hinten nur wenig heraus; der Rotationsradius der Hinterbeine wird kleiner. Die Bewegungsenergie des Pferdes geht von Schub- in Tragkraft über.

Die Fähigkeit, einen Reiter ohne gesundheitliche Schäden zu tragen, hängt im Wesentlichen davon ab, wie die einzelnen Körperteile des lockeren (!) Pferdes in Relation zueinander gebracht werden: Ändert sich der Winkel Hals zu Rücken beziehungsweise Kopf zu Hals und gleichzeitig der Beckenwinkel, so kommt von vorne und hinten stabilisierende Zugspannung auf den Rücken. Das Pferd kann in der Lende nicht mehr durchsacken, also kein Hohlkreuz mehr machen und so seinen Reiter tragen – in jeder Gangart.

Wichtig: nicht nur das versammelte Pferd ist tragfähig. Tragfähig ist ein Pferd, das sein Gleichgewicht locker den Erfordernissen anpassen kann. Gymnastizierung findet nicht nur in der Versammlung statt, sondern durch das Wechselspiel zwischen Dehnen und Verkürzen der Muskulatur, durch das Spiel mit dem Gleichgewicht.

Tragfähigkeit im Viertakt

Die Gefahr, einen schlecht gearbeiteten Rücken zu übersehen, der nicht genug trägt und mitarbeitet, ist im Viertakt leider relativ groß. Denn der Sitzkomfort bleibt häufig auch beim schlecht gerittenen Gangpferd erhalten. Bei einem Trab gehenden Pferd, das im Rükken nicht schwingt, also nicht gut gymnastiziert wurde, merkt der Reiter sofort, dass es unbequem zu sitzen ist. Das ist im Viertakt in dieser Form nicht zu merken. Der Reiter eines Gangpferdes muss also genauer auf die Anzeichen achten, dass sein Pferd im Rücke überfordert ist. Zum Beispiel wird es dann gegen die Hand gehen, die Hilfen schlecht annehmen, im Genick fest werden, den Unterhals herausdrücken, den Rücken wegdrükken, den Takt verlieren oder widersetzlich werden (siehe Seite 78).

Eine Rückenstabiltät im Tölt und seinen Varianten kommt unter den gleichen Voraussetzungen zustande wie in allen anderen Gangarten: Durch das lockere, horizontale Gleichgewicht oder durch die veränderten Winkel (siehe oben) wird der Rücken auch im Viertakt stabilisiert. Wenn der Tölt und seine Varianten in dieser Form geritten werden und nebenbei für Ausgleichsgymnastik in anderen Gangarten gesorgt wird, ist der Viertakt der Gesundheit eines Pferdes genauso wenig abträglich wie jede andere Gangart.

Der Rücken des Pferdes ist auch im Viertakt tragfähig; insbesondere wenn es so geht. Paso Fino Arrebol la Estrella mit Andrea Jänisch. Foto: L. Lenz

Tatsache ist allerdings, dass das Erreiten dieser gesunden Haltung im Viertakt mehr Kenntnis und Einfühlungsvermögen von Seiten des Reiters verlangt als in den Grundgangarten (siehe Kapitel „Gymnastizierung im Viertakt").

Der Sitz des Reiters muss sich für das Pferd angenehm anfühlen. Foto: L. Lenz

GYMNASTIZIERUNG II: LEICHT-RITTIGKEIT VON ANFANG AN

SITZ UND EINWIRKUNG DES GANGPFERDEREITERS

Allgemein

Die Sitzformen des Gangpferdereiters entsprechen dem Vollsitz, Entlastungssitz oder leichten Sitz herkömmlicher Art. Grundsätzlich sollte der Sitz des Reiters so sein, dass das Pferd sich bei seinem Reiter wohl fühlt, dass es „bei seinem Reiter bleiben mag". Über den Sitz muss der Reiter dem Pferd Sicherheit und Entspannung vermitteln. Wenn der Reiter nicht losgelassen und ausbalanciert auf dem Pferd sitzt, sondern sich verspannt – sei es aus Unsicherheit, aus Konzentration oder aus Ehrgeiz – nimmt das Pferd diese Körperspannung auf und je nach Charakter wird es darauf mit Verärgerung, mit Ängstlichkeit oder vielleicht mit Ignoranz reagieren. Man ist dem Pferd einen guten Sitz schuldig, damit es sein Gleichgewicht mit dem Reiter finden und behalten kann.

Ein Reiter, der in seinem Körper starke Schiefen oder Verspannungen hat, macht unklare Aussagen in seinen Hilfen. Das Pferd ist gezwungen herauszufiltern, was Hilfen sein sollen, was Verspannung oder einfach nur ein Wackeln ist, das der Reiter gar nicht unter Kontrolle hat. Diese Suche nach der richtigen Interpretation ist sehr störend und mühevoll für die Pferde.

Der Sitz muss individuell dem Reiter angepasst sein, losgelassen und ausbalanciert. Der gute Sitz ist beileibe kein fixierter Sitz: Er muss es dem Reiter erlauben, je nach Ausbildungsstand, nach Lektion und besonders beim Gangpferd je nach Spannungsverhältnis jederzeit in eine das Pferd unterstützende Haltung überzugehen.

Mentale Einstellung

„Nur ein Reiter, der selbst im psychischen Gleichgewicht ist oder in der Lage ist, sich für den Umgang mit dem Pferd in diesen Zustand zu versetzen, kann optimal für das Pferd erkennbare Funktionszusammenhänge schaffen."[12] (Richard Hinrichs)

Diesem Zitat ist wenig hinzuzufügen. Innere Ruhe und Konzentration sind Voraussetzungen für jede Zusammenarbeit mit dem Pferd. Jede innere Unausgeglichenheit des Reiters setzt sich in ein körperliches Ungleichgewicht um und wird vom Pferd entsprechend quittiert.

Der Traum des zentaurenhaften Reitens hängt sehr viel mit mentalem Training, mit der Vorstellungskraft des Reiters zusammen. Welche Bewegungsvorstellung setzt er in seinem Körpergefühl um? Über das Wunschdenken – wie soll das Pferd gehen: entspannt, schwebend, hochaufgerichtet, hochfrequent, fließend? – produziert der Reiter in seinem Körper unbewusst minimale entsprechende Bewegungen; mit anderen Worten: Änderungen seiner Körperspannung, die vom Pferd abgelesen werden können, immer vorausgesetzt, dass es auf feine Hilfengebung sensibilisiert wurde. Dies ist eine sehr differenzierte Methode, zwischen den Zeilen Informationen an das Pferd zu übermitteln.

Körperspannung des Reiters

Aber nicht nur unbewusst, sondern auch gezielt kann der Reiter seine Körperspannung einsetzen, indem er die Muskulatur anspannt oder entspannt. Genau wie das Pferd (siehe Kapitel „Spannung") muss auch der Reiter lernen, seine Körperspannung zu dosieren. Gewichts- oder Schenkelhilfen, teilweise auch Zügelhilfen, sind nichts anderes als gezielte Änderungen der Körperspannung des Reiters in einzelnen Körperteilen.

Um sich dessen bewusst zu werden, muss der Reiter immer wieder ein Check-up vornehmen, um zu analysieren, wo er im Körper eine Spannung beibehalten hat, eine Hilfe aufrechterhalten hat, die er schon gar nicht mehr braucht. Der Reiter muss lernen Signale zu geben und sie auch wieder aufzulösen. Zu viele Reiter geben Hilfen zu sehr ganzkörperlich. Sie können nicht unterscheiden, ob nur die rechte Hand oder nur die linke Wade gefordert ist. Dadurch bauen sie ganzkörperliche Spannungen auf. Der Reiter muss sich einen automatischen Suchlauf, eine Art Computer-Suchprogramm, anerziehen, der die Einwirkungen rationalisiert und optimiert. Der Reiter muss sich fragen: „Wo ist ein Muskel angespannt, obwohl ich ihn schon eine Weile nicht mehr gebraucht habe?",

[12] Hinrichs, Richard: *Tänzer an leichter Hand*, Wedemark 1994, S. 13

Vom Sitz her das Pferd „tölten lassen" und nicht „tölten wollen". Mangalarga Marchador Hengst Heroi mit Andrea Jänisch. Foto: L. Lenz

und dann muss er ihn wieder loslassen, entspannen können.

Im Sinne einer entspannten und feinen Kommunikation mit dem Pferd ist der faulste Reiter der beste, weil er nur dann etwas tut, wenn es nötig ist, und dies in der richtigen Intensität und in der richtigen Zusammensetzung.

Erhöhte Körperspannung des Reiters kommt zum Beispiel zum Einsatz, um ruhige Pferde fleißiger zu machen oder um Lektionen zu reiten, die für das Pferd kraftintensiv sind. Für die Korrektur von Pferden, die ihre Spannung nicht halten können und vom Viertakt in den Trab (auseinander) fallen, kann eine vermehrte Oberkörperspannung, eventuell kombiniert mit einem festgestellten Becken, hilfreich sein.

Abträglich ist Körperspannung hingegen bei Pferden, die selbst zu viel Körperspannung haben und dadurch hektisch oder unruhig sind oder zum Pass tendieren. Hier kann vielmehr ein eher entspannter, passiver Sitz, mit deutlich entspannter Lendenwirbelsäule und nach hinten abgekipptem Becken, den Pferden helfen, sich zu entspannen und klaren Viertakt oder Trab zu entwickeln. Äußerlich erst einmal unauffällige Sitzfehler, wie durch Spannung hervorgerufene Steifheiten und Festigkeiten, wirken sich bei sensiblen Rassen besonders stark aus.

Fallbeispiel: Ein unkompliziert töltender Paso Fino Wallach ging mit seinem sehr engagierten Besitzer vorwiegend im Pass. Es fiel schwer zu analysieren, warum der an sich brave Tölter mit seinem Besitzer jedes Mal sofort in diesen negativen Bewegungsablauf wechselte. Schließlich stellte sich heraus, dass der Wallach den statischen, festen Sitz seines Reiters nicht vertrug. Er war sehr leicht zu tölten, wenn man locker mit federndem Bein ritt. Der Reiter arbeitet nun daran seine Körperspannung besser zu dosieren. Erst wenn das erreicht ist, kann er sein Pferd durch gezielte Hilfen und Lektionen über längere Strecken in der gewünschten Gangart halten.

Gerade bei Pferden, die zum Pass tendieren, muss der Reiter von seiner mentalen Einstellung und Körperspannung her weniger „tölten wollen“ als vielmehr das Pferd „tölten lassen“.

Er darf jedoch nicht passiv wie ein Mehlsack auf dem Pferd sitzen; die Aufmerksamkeit des Pferdes muss er sich weiterhin durch Hilfen und Lektionen erhalten.

Sitz im Viertakt

Das Becken des Reiters vollführt im Tölt und seinen Varianten eine Art umgekehrte Achterrotation. Damit diese Bewegung frei und fließend ausgeführt werden kann, darf der Reiter sich keinesfalls in der Lende festziehen (ein Hohlkreuz machen). Er muss sogar eher im Becken etwas mehr als gewöhnlich nach hinten abkippen. Der Oberkörper sollte dabei nicht zusammensacken, die Schultern nicht hängen gelassen werden. Es soll nur eine gewisse Nachgiebigkeit in Bauch und Becken den Viertakt besser fließen lassen.

Der Sitz im Viertakt ist von einer Form fühlender Neutralität gekennzeichnet. Das Becken ist primär auf neutral geschaltet und lässt die umgekehrte Achterrotation einfach fließen. Der Reiter muss erfühlen, wie sich der Takt entwikkelt. Er darf nur hier und da hilfreich eingreifen. Häufig muss er den Gang einfach laufen lassen und passiv abwarten, wie er sich weiter entwickelt.

Als Vergleich kann der Sitz im Trab eher als führende Dominanz bezeichnet werden: der Reiter lässt das Becken etwas festgestellter, um eine Trittlänge zu platzieren oder zu halten. Er kann jede Bewegung dominieren, sie in der Trittlänge exakt dorthin führen, wo er möchte.

Diese gewisse Festigkeit des Beckens im Trab darf im Viertakt nicht vorhanden sein. Der Viertakt hat eine hohe Individualität an Bewegungsmustern hinsichtlich Takt, Frequenz und Schrittweite. Das Becken muss diese Individualität zulassen. Im Vergleich mit dem Trab ist das Becken im Tölt sehr viel passiver. Im Trab dominiert der Reiter den Gang mehr; im Tölt lässt er dem Pferd mehr Freiraum sich zu entfalten, sich zu finden und die Gangart fließen zu lassen. Der Takt im Tölt wird weniger durch aktive Beckenbewegungen beeinflusst als vielmehr durch die anderen Hilfen. Der Bewegungsablauf im Viertakt ist durch die acht Phasen zu kompliziert und auch zu schnell wechselnd, als dass der Reiter in die Achter-Rotation seines Beckens so bewusst eingreifen könnte.

Die Beweglichkeit des Beckens setzt ein lokkeres, dehnbares Bein voraus mit einem offenen Hüftwinkel, da sonst anatomisch die Hüftrotation eingeschränkt wird. Zu viel Druck in Oberschenkel und Knie stört den Viertakt. Das Pferd glaubt zu wenig Platz zu haben, um sich seitlich ausdehnen zu können. Es müsste sich aber ausdehnen dürfen, gerade wenn es sich zum Beispiel für langsame Tempi mehr schließen soll. Es muss Volumen bekommen dürfen und darf sich nicht durch eine „Wäscheklammer" auf seinem Rücken beengt fühlen. Lockere, sich öffnende Beine lassen das Untertreten des Pferdes zu und erlauben ihm ein fließendes Spiel mit dem Gleichgewicht. Durch diese Losgelassenheit ist das Bein in der Lage den Viertakt auszufedern, vor allem im Fußgelenk. Vom Oberschenkel bis zum Fußgelenk muss die für den Viertakt charakteristische, leichte Vibration im Bein des Reiters zu sehen sein. Der Sitz des Reiters nimmt die Schwingungen in sich auf und gibt dem Pferd den Takt zurück. Daraus leiten sich für alle Viertakt-Gangarten vibrierende Schenkelhilfen ab, die den Takt unterstützen.

Im hohen Tempo Tölt oder im Rennpass ist es möglich, das Bein etwas nach vorne zu stabilisieren. In schnellen Tempi ist ein passiverer Sitz manchmal sinnvoll, da man in hohem Tempo Gefahr läuft in Fehler hineinzuschwingen und sie versehentlich zu unterstützen. Die Einwirkung besteht in diesem Fall hauptsächlich im Auffangen und Unterstützen des Gleichgewichts, zum Beispiel um eine Galopprolle abzufangen.

Abschließend einige Einwirkungsmöglichkeiten, die sich in der Praxis ergeben haben: Kurzfristiges Entlasten und wieder Einsitzen löst oft zuverlässig Lateral-Spannung (Passtendenzen) auf. Bügeltritte abwechselnd rechtslinks in schnellerer Folge können helfen, Pferde, die sich auf Grund eines zu festen Rückens zum Trab oder Pass verschieben, zum klaren Viertakt zu fördern. Das ist für den Reiter nicht ganz einfach zu koordinieren, führt aber besonders bei Pferden mit viel Trab-Veranlagung oder auch beim „Eintölten" zum Erfolg. Im Tölt und seinen Varianten darf die Hand des Reiters entsprechend der Aufrichtung des jeweiligen Pferdes etwas höher geführt werden. Ein Zurücksetzen im Sattel erzeugt Passivität. Das kann sinnvoll sein, um abzuwarten, ob ein Pferd den Takt wieder findet. Es wird häufig im schnellen Tölt oder Rennpass angewendet.

Hilfen

„Wer auf dem Pferd arbeitet, hat da nichts zu suchen."[13] (Nuno Oliveira)

Das Ziel sollte immer sein, sehr feine Hilfen zu geben, mit viel Leichtigkeit zu reiten. Weder wird es dem Reiter zu Entspannung und Freude verhelfen, wenn er mit derben, groben oder starken Hilfen „arbeiten" muss, noch wird es beim Pferd den Willen zum Mitmachen anregen, wenn es mit ebensolchen Einwirkungen traktiert wird, geschweige denn wird ein solches Pferd-Reiter-Paar für einen Dritten schön anzusehen zu sein. Man sollte mit seinem Pferd zu einer für beide Seiten angenehmen Kommunikation kommen.

Die Hilfen sind unsere möglichst kultivierte Sprache mit dem Pferd. Idealerweise hat das Pferd durch das Anreiten bei einem erfahrenen Reiter gelernt, die Hilfen richtig zu interpretieren, sodass weiterführende Lektionen darauf aufbauen können. Das Erlernen von Hilfen ist gleich bedeutend mit dem Konditionieren von Reflexen, die bestimmte Körperhaltungen des Pferdes nach sich ziehen.

Zum Reiten braucht man die Kenntnisse des „handwerklichen Rüstzeugs" der verschiedenen konditionierten Hilfen und ein Verständnis für das „Wesen" von verschiedenen Gangarten oder Lektionen. Denn letzteres bestimmt die Zusammensetzungen der jeweiligen Hilfen, um die richtige Balance-, Tempo-, Kraft- und Spannungssituation auszulösen, die der Gangart oder

[13] Oliveira, Nuno, in Solinsky, Sadko: *Das ABC des Freizeitreiters*, Olms, Hildesheim 2000, S, 256

Lektion entspricht. Stimmt die Zusammensetzung der Hilfen nicht, wird die Volte nicht rund oder der Tölt passig.

Reagiert ein Pferd nicht auf Hilfen, die der Reiter vielleicht sogar richtig gegeben hat, dann darf er auf keinen Fall diese Hilfe aufrechterhalten. So zum Beispiel wenn das Pferd den seitwärtstreibenden Schenkel nicht annimmt und der Reiter einfach mehr und fester drückt. Wenn das Pferd die Hilfe nicht versteht oder ignoriert, muss der Reiter erneut ansetzen. Die nicht akzeptierte Hilfe hat sich „totgelaufen", sie ist vergleichbar mit einem Dauerton, den man nicht interpretieren kann. Der Reiter ist also gezwungen, seine Hilfe aufzulösen, nachzugeben und neu anzusetzen, entweder genauso wie zuvor, weil das Pferd einfach nicht zugehört hatte, oder vielleicht in anderer Intensität, anderer Frequenz, in anderer Kombination. Keinesfalls darf die Hilfe so wie sie ist bestehen bleiben und einfach nur verstärkt werden. In diesem Sinne würde Druck einfach nur Gegendruck erzeugen. Der Reiter muss individuell herausfinden, wie ein Impuls gegeben werden muss, um zum Erfolg zu führen, ein Schenkel kann zum Beispiel länger oder kürzer angelegt werden, er kann Kontakt halten, vibrieren, drücken.

In diesem Zusammenhang ist es auch wichtig sich vor Augen zu führen, dass Pferde eine Fliege spüren, die sich auf ihrem Fell niederlässt. Wenn ein Pferd also eine (Schenkel-) Hilfe nicht annimmt, hat es bestimmt nichts damit zu tun, dass es den Impuls der Wade nicht gespürt hat – insofern nützt auch vermehrtes Drücken nichts! Wie soll eine kleine, menschliche Wade ein 450 Kilogramm schweres Pferd „seitwärts drücken"?! Es hat vielmehr damit zu tun, dass das Pferd nicht reaktionsbereit war.

Es ist auch bedeutsam, wie man Hilfen gibt. Was vermittelt der Reiter zwischen den Zeilen? Welchen Unterton haben die Hilfen? Sind sie freundlich, sind sie auffordernd, sind sie aggressiv? Über diesen Körperausdruck kann dem Pferd eine bestimmte Einstellung vermittelt oder eine Emotion ausgelöst werden. Hilfen können sehr differenziert eingesetzt werden. Zwischen „drücken" und „ziehen" gibt es eine Variantionsbreite, die mindestens von anlegen und vibrieren über stupsen und abfangen bis zupfen oder Impuls geben reichen sollte.

Nicht unerwähnt bleiben darf die Stimme als Hilfsmittel. Gerade beim Gangpferd hat es sich bewährt, bei Trab- oder Galopp-Problemen mit der Stimme einen Takt vorzugeben oder zu unterstützen.

Eine allgemein gültige Hilfe, um im Viertakt anzureiten, kann auf Grund der großen Takt- und Rassenvielfalt nicht gegeben werden. In der Regel muss der Reiter treiben, hinfühlen, analysieren, mit Gewicht, Schenkel und Zügel korrigierend eingreifen, wieder hinfühlen, und so fort (siehe Kapitel „Gymnastizierung im Viertakt" und „Eintölten").

Das Aussetzen der Hilfen

Das spontanste, beste, sicherste Lob ist das sofortige Nachgeben beziehungsweise Aussetzen der Hilfen. Der Reiter bedankt sich bei seinem Pferd für einen richtigen Gedanken, indem er mit seinen Hilfen für einen Moment nachgibt. Das Grundprinzip dieser Form der Hilfengebung baut auf der selbständigen Mitarbeit des Pferdes auf: Der Reiter löst eine bestimmte Lektion oder Gangart des Pferdes aus und das Pferd erfüllt diese Aufgabe, bis es ein neues Signal erhält. Eine Aufgabe wird nicht deshalb beibehalten, weil der Reiter mit den Hilfen die ganze Zeit „dran bleibt", sondern weil das Pferd durch ein Lob (Aussetzen der Hilfen) in seiner Mitarbeit bestätigt wird. Der Reiter greift in die Gangart oder Lektion nur ein, um zu korrigieren oder zu fördern. Ist das Ziel erreicht, setzen die Hilfen augenblicklich wieder aus.

Viele Ausbilder und Reitschüler mögen es auch heute noch nicht, wenn der Zügel ein bisschen lockerer wird, der Schenkel sich öffnet, die Verbindung zum Pferd leichter oder sogar mal aufgegeben wird. Es besteht immer noch die Befürchtung, dass man das Pferd danach nicht wieder aufnehmen könnte. Für die Pferde bedeutet das Entspannen zwischendurch immer wieder ein zwischenzeitliches Dankesagen. Das hat für die Pferde eine Logik. Sie wissen, wenn sie sich jetzt bemühen, werden diese Anstrengungen auch immer wieder anerkannt. Ganz im Gegensatz zu den Befürchtungen vieler Ausbilder lassen sich Pferde, die dieses Prinzip kennen, umso besser wieder aufnehmen. Sie haben gelernt, dass sich Mitmachen lohnt. Das Pferd bekommt während der Arbeit zumindest geistig immer wieder kleine Pausen. Das Lob muss nicht unbedingt ein Leckerli oder ein Streicheln sein. Am wichtigsten und am schnellsten ist ein Lob durch den nachgebenden Zügel. Das kann sich bei einem gut gerittenen Pferd auf ein kurzes Öffnen der Hand beschränken.

Becken (Gewichtshilfen)

Die zentrale Hilfe des Reiters ist die Bewegung der Achsen des Rumpfes. Das Pferd lernt sein Gleichgewicht der veränderten Körperachse anzupassen und den Schwerpunkt von Reiter und Pferd immer wieder anders zu unterstützen. Die ganze Ausbildung eines Pferdes zielt darauf ab, es auf diese Veränderung des reiterlichen Gleichgewichts und der Körperspannung zu sensibilisieren. Demzufolge ist es wichtig, dass der Reiter sich der differenzierten Möglichkeiten der Beckenbewegungen bewusst ist. Nach Kellner/Wimmer wird das Becken des Reiters in drei Dimensionen bewegt:[14]

1. Die Wirbelsäule des Pferdes bewegt sich in der Vertikalen auf und ab – bei gesprungenen Gangarten in verstärktem Maße. Das ergibt beim Reiter eine Bewegung des Beckens nach vorne (Richtung Hohlkreuz) und nach hinten (Richtung Rundrücken). Das Abkippen des Beckens nach hinten ist zum Beispiel sinnvoll beim Tölten.
2. Die Wirbelsäule des Pferdes bewegt sich in der Horizontalen nach links und nach rechts. Das ergibt beim Reiter ein abwechselndes (rechts/links) In-die-Tiefe-Kommen der Hüften beziehungsweise Sitzbeine. Diese einseitigen Belastungen werden zum Beispiel beim Reiten von Biegungen eingesetzt.
3. Mit seiner Hinterhand nimmt das Pferd abwechselnd die linke und die rechte Beckenseite des Reiters mit nach vorne. In dieser Form wird das Becken zum Beispiel zum Angaloppieren oder für Traversstellungen eingesetzt.

Die Beckenbewegung ist in jeder Gangart anders. Der Reiter kann das Pferd beeinflussen, indem er sein Becken entweder passiv mitschwingen lässt, zum Beispiel im Viertakt, oder indem er diese Bewegungen verzögert oder forciert. Bei gutem Körperbewusstsein kann er nur durch eine Änderung oder Beibehaltung seiner Beckenbewegung Gangarten abrufen oder Gangwechsel unterbinden. Der Reiter kann somit Takt oder Gang fordern, erhalten oder geben.

---

[14] Kellner, Katja/Wimmer, Gereon: *Zwischen Losgelassenheit und Spannkraft - Besser Reiten mit Yoga*, erscheint Frühjahr 2002

Der Zügelkontakt am Hals platziert die Schultern des Pferdes. Foto: L. Lenz

Zügel

„Ich lenke ein Pferd doch nicht am Maul! Das ist doch viel zu weit weg von Schulter und Rumpf, wo die Bewegung stattfindet."[15]
(Jean-Claude Dysli)

Die allerwichtigste Regel: Das Pferd kann seinen Kopf selbst tragen! Zu häufig sieht man Reiter, die den Zügel zum motorradgleichen Lenken des Pferdes missbrauchen, und Pferde, die sich auf die Hand des Reiters stützen und in schlechter Balance auf der Vorhand gehen. Der Reiter darf auf keinen Fall den Kopf des Pferdes „tragen".

Der Zügel kann auf zwei verschiedene Arten einwirken: durch das Gebiss direkt auf das Maul des Pferdes, und durch den Zügelkontakt am Hals des Pferdes. Der direkte Kontakt am Pferdemaul erzeugt die Stellung. Der Reiter fragt zum Beispiel mit einseitigen, annehmenden und nachgebenden Zügelhilfen beim Pferd an, ob es sich im Genick nach rechts und links wenden kann.

[15] Dysli, Jean-Claude in: *Cavallo* 12/99, S. 34-39

Demonstration für das Foto: Das Pferd fällt auf die innere Schulter.

Überdeutliche Demonstration für das Foto: Die innere, linke Schulter wird durch Zügelkontakt am Hals nach außen gestellt. Fotos: L. Lenz

Der Zügelkontakt am Hals platziert die Schultern des Pferdes.

Diese Form des Zügeleinsatzes wird noch zu wenig beachtet. Er ist es jedoch, der die Schulterkontrolle zum Beispiel bei Biegungen oder Seitengängen ausmacht und damit das Pferd „lenkt". Der Zügeldruck am Hals nimmt die Schulter mit, das heißt er platziert sie dort, wo sie für eine Lektion gebraucht wird: Bei einer Linksbiegung hält der linke Zügel die linke Schulter des Pferdes auf der Biegungslinie. Der innere (in diesem Falle der linke) Zügel am Hals sorgt dafür, dass das Pferd nicht auf die innere Schulter fällt. Die Hand des Reiters steigt dabei diagonal nach außen oben an, darf auch so weit über den Mähnenkamm genommen werden, wie es notwendig ist, um den Zügelkontakt am Hals herzustellen. Und der rechte Zügel, der äußere in diesem Fall, hält die äußere Schulter (mit eher tiefer Hand) auf der Biegungslinie. Das heißt der äußere Zügel fängt die Schultern verwahrend und begrenzend wieder so weit auf, dass das Pferd nicht über die äußere Schulter fallen kann. Das Pferd sollte dem Zügelkontakt in genau der Dosierung folgen, wie der Zügel mit dem Hals in Kontakt kommt. Das ist besonders wichtig für Seitengänge.

Aus der Kombination dieser beiden Einwirkungsmöglichkeiten des Zügels, also Stellung und Schulterkontrolle, entsteht der vordere Teil einer Biegung im Pferd. Mit den Schenkeln werden die Hinterhand, Becken und Lende des

Häufig wird der Tölter mit weggedrücktem Rücken und in absoluter Aufrichtung (a) mit einem korrekt piaffierenden Pferd verglichen (c) und schneidet dann entsprechend schlecht ab. Entweder muss er mit einer schlechten Piaffe verglichen werden, oder besser: als korrekter Tölter (b) dargestellt werden. Der richtig ausgebildete Tölter kann durchaus mit einem korrekten Spannungsbogen und einem hergegebenen Rücken geritten werden. Einzig die Hankenbeugung ist nicht mit der des versammelten Pferdes zu vergleichen.

Pferdes bestimmt und daraus entwickelt sich der hintere Teil der Biegung im Pferd.

Die „Schulterkontrolle" ist ein sehr wichtiges Hilfsmittel zur Erhaltung des Viertaktes, zum Beispiel kann die Schulter entsprechend „umplatziert" werden, um eine Galopprolle zu vermeiden oder Spannungen aufzulösen.

Der Zügel ist für den Reiter ein Ausdrucks- und Verständigungsmittel. Kombiniert mit entsprechendem Treiben kann mit ihm Spannung im Pferd aufgebaut werden, um daraus spektakuläre Bewegungen wachsen zu lassen. Dies bedarf einer deutlichen Stütze durch den Zügel und kann – zumindest auf Dauer – Festigkeit im Genick und Hals zur Folge haben.

Soll ein Pferd leichtrittig und damit auch leicht in der Hand sein, dann muss das Lockern der Muskulatur bereits am Unterkiefer des Pferdes beginnen. Sehr leicht lässt sich im Selbstversuch herausfinden, von welcher Tragweite für die Halsmuskulatur fest zusammengebissene Zähne sind. Der Reiter sollte daher bestrebt sein, mit einer weichen Hand eine ruhige Kaubewegung auszulösen, um die Genick- und Halsmuskulatur überprüfen und lockern zu können. Das hektische „Hacken" einiger Pferde auf dem Gebiss hat nichts mit einem lockeren Unterkiefer zu tun. Es ist ein kompensatorischer Stressabbau; bei Hengsten häufig ausgelöst durch hormonelle Übersteuerung, bei Stuten und Wallachen durch psychischen Druck.

Die absolute Aufrichtung entsteht durch eine mit der Hand erzeugte hohe Kopfhaltung. Die Aufrichtung des Halses steht nicht in Relation zur Winkelung des Beckens. Häufig ist zusätzlich der Unterhals in Form eines Hirschhalses herausgedrückt und der Rücken nach unten weggedrückt, die Hinterhand tritt kurz und unelastisch.

Die relative Aufrichtung ist durch eine harmonische Relation zwischen Aufrichtung und Untertreten gekennzeichnet. Sie ergibt sich in Relation zu vermehrtem Senken der Hinterhand und Hankenbeugung. Das Pferd geht geschlossen oder eventuell schon versammelt.

Schenkel

Das Wesen der Schenkelhilfen entspricht bei Gangpferden dem allgemein Üblichen. Das Gangpferd stellt allerdings zusätzlich den Anspruch, den Takt des Viertaktes über den Schenkel als Unterstützung zurückzubekommen (siehe Sitz). Eine spezielle Technik hat sich nicht ergeben, was bei manchen Rassen auch im Größenverhältnis von Pferd zu Reiter liegt, das den Schenkeleinsatz erschwert.

Ein Einsatz der Wade kann bei kleinen Pferden und bei sehr sensiblen Pferden durch einen Impuls des Knies oder des Oberschenkels ersetzt werden.

GYMNASTIZIERUNG ODER DRESSUR?

Bei der Beschäftigung mit der Dressurausbildung eines Pferdes kommt man an der deutschen Reiterei kaum vorbei. Schließlich zeigt sie sich seit Jahrzehnten international erfolgreich; nicht zuletzt weil die Pferde die Lektionen „automatengleich abspulen", wie der Kommentator der Olympischen Sommerspiele 2000 beim Dressur Grand Prix begeistert bemerkte. Aber mal ehrlich: Wollen wir das eigentlich? Brauchen wir das? Wie stellen wir uns das (Gang)pferd unserer Träume vor? Tänzerisch, leicht, bequem, mit freien, fließenden Bewegungen, oder? Und nicht automatengleich. Gerade die Ausbildung des Gangpferdes sollte sich eher an Reitweisen orientieren, die Leichtigkeit, Beweglichkeit und Flexibilität abfragen. Mit der herkömmlichen „Dressurarbeit" bekommt das Gangpferd eine Starrheit, die ihm vielleicht noch ein bisschen weniger bekommt als jedem anderen Pferd.

Im Zuge dieses Buchprojektes haben wir uns auch einen bekannten Dressurstall in Hamburg angeschaut. Dort herrschte eine regelrechte „Arbeitsatmosphäre": Es wurde eingewirkt und geschwitzt und geleistet. Und wir fragten uns hinterher: „Wie kann es sein, dass bei so vielen guten Reitern, die so viel Arbeit investieren und so weit ausgebildete Pferde reiten, nur so wenig Leichtigkeit herausschaut?" Es wird davon geredet, dass man „das Pferd dressurmäßig arbeitet, um es von der Hand zu bekommen", aber kaum ein Pferd war wirklich leicht in der Hand.

Vielleicht fängt es damit an, dass man es „Arbeit" nennt. Anstatt zu arbeiten und pedantische Lektionenfolgen abzufragen, sollte man dem Pferd mehr Freiraum lassen, sich selbst einzubringen. Das ist immer der Moment, in dem mehr Leichtigkeit, mehr Ausstrahlung erhalten bleibt. Und damit entfernen wir uns von dem Begriff „Dressur", der sich als Abrichtung zu bestimmtem Verhalten definiert. Und wir nähern uns dem Begriff „Gymnastik", der eine Beweglichkeits- und Haltungsschulung beschreibt.

Gute Gymnastizierung lässt sich daran erkennen, dass dem Pferd eine große Palette an Bewegungsmustern zur Verfügung steht. Das kann zum Beispiel für das Gangpferd bedeuten, dass es nicht nur in einem Tempo geradeaus tölten kann, sondern dass es auch auf Volten takt- und kurvenstabil bleibt, dass es tempovariabel ist oder auch galoppieren kann, dass es Seitengänge ausführen kann, und so fort. Diese

Liste ließe sich fortsetzen. Je mehr sich der Spielraum an Bewegungsmöglichkeiten während der Ausbildung vergrößert, desto lockerer ist das Pferd während dieser Entwicklung geworden. In diesem Sinne ist immer das „komplette Pferd“ anzustreben, das heißt ein Pferd, das durch sinnvolle Gymnastizierung einen großen Bewegungsspielraum erhalten hat.

An dieser Stelle ist es auch züchterisch zu überdenken, wenn speziell Gangpferde nur auf einen Gang hin selektiert werden – eigentlich hat jedes Pferd verschiedene Bewegungsmuster, die es, um gesund zu bleiben, auch durchspielen sollte. Ein Tölter, der nur im Renntölt durch die Landschaft saust, ist genauso fragwürdig wie ein Iberer, der nur im versammelten Galopp und Passage geritten wird. Letzteres gilt jedoch immer noch als richtiger, weil es in die „Hohe-Schule-Schublade“ passt. Verschiedene Bewegungsmuster müssen erhalten bleiben. Man darf keinen „Fachidioten“ produzieren.

Je kompletter ein Pferd also ist, je mehr Muskelgruppen aktiviert sind und je beweglicher es in all seinen Gelenken ist, desto mehr Leichtrittigkeit ist das Resultat: Das Pferd reagiert auf feinste Hilfen, es ist leicht in der Hand, es bietet sich für Lektionen an und Reiten wird zum viel zitierten Tanz zwischen zwei Partnern. Erst daraus kann Brillanz entstehen: Jene Ausstrahlung, die dem Betrachter den Eindruck vermittelt, das Pferd würde nur mal eben so, gerade aus sich selbst heraus, weil es dazu Lust hat und sich darin gefällt, bestimmte Lektionen ausführen und dabei glänzen.

Erst Gymnastizierung öffnet die Tür, um solche Emotionen (Lust, Freude, Gefallen an sich selbst) überhaupt auszudrücken. Und hier liegt der entscheidende Unterschied zum Begriff Dressur: Dressur ist abrufbar, sie berücksichtigt keine Emotionen. Das hat den Vorteil, dass bestimmte Lektionen immer „funktionieren“. So ist zum Beispiel für den Arbeitseinsatz oder für Turnierprüfungen eine gewisse Dressur unerlässlich. Das Quarterhorse kann es sich nicht leisten, den Roll Back erst dann zu machen, wenn die Kuh schon wieder weg ist. Und das Grand Prix Pferd kann es sich nicht leisten, die Piaffe bei A statt bei C auszuführen. Der Reiter muss sich also fragen: Was will ich reiten? Wie viel Dressur, wie viel Gymnastik ist nötig? Möchte ich eine Sport-Viergangprüfung reiten oder plane ich den nächsten Wanderritt? Wie man die Gewichtung zwischen Dressur und Gymnastizierung legt, hängt davon ab, was man mit dem Pferd machen möchte. Ein Teil Dressur ist für die Disziplin sicher unerlässlich – zu viel Präzision nimmt aber auch immer einen guten Teil des Ausdrucks und der Leichtigkeit (und dem Pferd häufig den Spass an der Sache).

Gymnastizierende Ausbildung in diesem Sinne bedeutet auch einmal zu improvisieren, zuzulassen, was das Pferd gerade anbietet. Diese Einstellung verlangt vom Reiter viel Flexibilität, Fantasie und Verständnis für die einzelnen Lektionen. Denn Hineinhorchen in das Pferd bedeutet nicht, ihm die Initiative zu überlassen und vielleicht nur grasen zu gehen ... Es bedeutet vielmehr, Möglichkeiten zu erkennen, sie auszuformen und sie zu etwas machen, was man brauchen und aneinander reihen kann. Dafür muss der Reiter verstehen, was er mit welcher Lektion beim Pferd erreichen kann. Warum trabe ich zu Beginn der Reitstunde? Mit welchen Lektionen entwickle ich Schubkraft, welche fragen besonders viel Reaktions- und Konzentrationsfähigkeit, also Leichtigkeit ab? Was erreiche ich mit Seitengängen? Nur wenn der Reiter weiß, worauf er hinarbeitet, kann er

Situationen schaffen, auf die das Pferd mit einer bestimmten Bewegung reagieren muss.

Fallbeispiel: Ein vierjähriger Paso Iberoamericano durchlief im Trab immer die äußeren Hilfen. Die Korrektur dessen war jedoch nicht im Trab zu suchen. Im Stand lernte er, seine Schulter kontrollieren zu lassen (siehe Kapitel „Gymnastizierung im Schritt“) und im Anschluss daran eine Kurzkehrtwendung auszuführen. Erst nachdem er durch diese Übungen verstanden hatte, sich außen begrenzen zu lassen, konnte er auch im Trab korrekte Biegungen gehen.

Plädoyer für eine fundierte Grundausbildung

Es ist erstaunlich, wie häufig gerade die Grundausbildung eines Pferdes vernachlässigt wird. Da heißt es dann „Einreiten lasse ich mein Pferd von XY, der macht mir einen guten Preis.“ Oder „Ach, die Anfänge mache ich selber.“ Dabei wird übersehen, dass die Grundausbildung eines Pferdes die Weichen für jede weitere Ausbildung oder Verwendung legt. Gerade dort sollte nicht an Fachkenntnis gespart werden!

Es sind die vermeintlichen Kleinigkeiten, die – ohne böse Absicht – übersehen werden und die sich später zu handfesten Problemen auswachsen können.

Fallbeispiel: Eine töltende Traberstute hatte nicht beizeiten gelernt, ihre Schulter zu platzieren, das heißt sie fiel bei jeder Wendung auf die innere Schulter. Das hatte für den Führenden zur Folge, dass das Pferd gegen ihn drängte, ihm den Platz raubte oder den Weg abschnitt. Das ist für den Menschen nicht nur unangenehm, sondern es sind auch alles Indizien für seine mangelnde Akzeptanz als „Herden-Chef“. Für den Reiter hatte es zur Folge, dass er sein Pferd kaum jemals präzise dirigieren und anhalten konnte, weil es immer aus dem Gleichgewicht fiel. Und es hatte für das Pferd zur Folge, dass es zu keinem losgelassenen Vorwärts finden konnte. Denn der mit dem Fallen auf die innere Schulter einhergehende Gleichgewichtsverlust brauchte jedes Mal eine Gegenkraft zur Korrektur seitens des Pferdes. Also: kleine Ursache, große Wirkung.

Eine durchdachte (Grund-) Ausbildung versetzt das Pferd psychisch und physisch in die Lage, den Anforderungen eines Reiters Folge zu leisten. Es reicht nicht, dass das Pferd brav ist. Ein Pferd, dass von Anfang lernt zu lernen, das weiß, dass Reiten kein Stress ist, dass es sich lohnt, wenn man mitarbeitet, dass der Mensch zwar Leitlinien vorgibt, aber dafür ein fairer, verlässlicher Partner ist; ein solches Pferd wird an all seine künftigen Aufgaben mit einer gewissen Arbeitsmoral, das heißt Konzentration und Bereitschaft zur Mitarbeit herangehen.

Man sollte von Anfang an auf ein komplexes Bewegungssystem hinarbeiten. Je mehr Bewegungsmuster das Pferd hat beziehungsweise in jungen Jahren erlernt, desto bessere Möglichkeiten hat, es als Reittier zurechtzukommen. Bewegungsmuster werden automatisiert, richtige wie falsche. Das kann jeder Reiter leicht nachvollziehen, denn wenn es nicht so wäre, würde es ausreichen, wenn man einmal zu ihm sagt, „Schultern unten lassen“ und schon könnte der Reiter es für immer. Spätere Korrekturen sind sehr viel aufwändiger, als wenn man von Beginn an richtige Nervenbahnen legt. Denn einmal angewöhnte Bewegungsmuster sitzen sehr tief und neu Erlerntes wird gerade in Stresssituationen und Krisen immer wieder von

Altem überlagert. Bei Stress greift das Pferd – der Mensch übrigens auch – auf bekannte Reaktionen und Bewegungsmuster zurück. Das kann positiv sein wie im Fallbeispiel 1 oder auch negativ wie im Fallbeispiel 2.

Fallbeispiel 1: Eine Peruaner-Stute, die gelernt hatte, auf Furcht einflößende Dinge zuzugehen und dort gelobt zu werden, sieht im Wald eine flatternde, weiße Plane. Ein Ruck geht durch ihren Körper, der Reiter merkt, sie würde gerne flüchten. Aber dann eilt sie furchtsam doch zielsicher auf die Plane zu, stellt sich davor auf, schnuppert, befindet sie für doch nicht so gefährlich und dreht den Kopf nach einem Leckerli um. Situation entschärft.

Fallbeispiel 2: Eine Paso Fino Stute ist in den USA sehr früh und unter massivem psychischen Druck eingeritten worden. Von Anfang an hat sie mit dem Reiten Stress, Druck und Hektik verbunden. Sie konnte nur trippeln, ging ohne Rücken und mit Unterhals, trat ungleich, sprang plötzlich unkontrolliert zur Seite. Mit sehr viel zeitlichem Aufwand ist sie unter ihr vertrauten Bedingungen nun entspannt zu reiten. Ändert sich nur ein kleiner Faktor – jemand bewegt sich in der Reitbahn, eine laute Stimme, andere Mitreiter – ist sie sofort verunsichert, beginnt zu trippeln, den Kopf hochzureißen und in alte Muster zurückzufallen.

Ridinger-Stich (18. Jahrhundert) Pferde mit Gangveranlagung sind seit altersher bekannt und bekommen die gleiche Grundausbildung wie andere Pferde. Das Wort Pass ist in diesem Fall als Viertakt-Gangart zu interpretieren: Hinten links wird zeitlich vor vorne links auffußen.

Grundlagen zum Anlernen junger Pferde

Wenn man sich alte Stiche anschaut, zum Beispiel von Ridinger, und ihnen Glauben schenken mag, dann wird der Tölter in der Grundausbildung genauso behandelt wie alle anderen Pferde. Und genau das ist es, was das gangveranlagte Pferd braucht: Es sollte nicht aus einem guten, überlieferten System herausgenommen werden, sondern die Ausbildung genauso durchlaufen wie jedes andere Pferd, das heißt: Es bekommt in möglichst guter Qualität gymnastische Arbeit. Und dann kann man sehen, zu welchen Spezial-

Abwettern – seit Jahrhunderten hat sich beim Islandpferd eine Mentalität entwickelt, die ihm hilft, mit widrigen Umständen jederlei Ursprungs zurechtzukommen. Foto: K. Stührenberg

disziplinen, sei es Dressur, Gangreiten, Reining oder Vielseitigkeit, das führt. Wenn es ein Tölter ist, wird er aller Wahrscheinlichkeit nach auf dem dressurmäßigen Weg sehr viel früher ausscheiden als ein anderes Pferd. Aber die Grundlagen sind dieselben. Es ist wichtig, dass der Tölter von dieser Skala der Ausbildung nicht abgespalten wird und nur geradeaus läuft. Der Tölter kann durchaus fortgeschrittene Lektionen erlernen – denn gymnastiziert töltet es sich noch schöner; das ausdrücklich gewünschte Dressurpferd sollte hingegen kein Tölter sein.

Ein gut ausgebildetes Pferd reagiert ähnlich wie ein Pferd in der Herde gegenüber der Leitstute: Es fühlt sich sicher, emotional entspannt und „diskutiert“ nicht ständig jede Bewegung, jeden Richtungswechsel, jede Anforderung. Es gibt die Verantwortung ab und fühlt sich dabei wohl, denn dies ist ein ihm bekannter und notwendiger Vorgang in der Herde. Das gut ausgebildete Pferd fühlt sich auch körperlich fit und damit den Situationen gewachsen, die seine physische Leistungsfähigkeit erfordern.

Bei der Erziehung des Pferdes gilt es, rassetypische Unterschiede im Verhalten und in der Reaktion zu beachten, denn man kann ein Pferd nicht gegen sein Naturell erziehen. Sein Naturell wurde als Überlebensstrategie in vielen Generationen entwickelt und weitergegeben. Nur einige Beispiele: Der Isländer hat sich über Jahrhunderte gegen widrigste Wetterumstände wappnen müssen. Daraus ist ein Pferd entstanden, das mit Gleichmut drei Tage Eisregen übersteht in der Gewissheit, dass er irgendwann aufhört. Dieses „Abwettern" ist ein Charakterzug des Isländers, der bei seiner Ausbildung berüksichtigt werden muss. Das kann zum Vorteil gereichen, denn diese Pferde sind sehr frustrationstolerant gegenüber fehlerhafter Behandlung. Es kann aber auch nachteilig sein, denn das Islandpferd „wettert" auch Anforderungen, die ihm nicht passen, ab.

Beim Araber sieht das ganz anders aus. Seine Überlebensstrategie ist die Flucht. Auch das hat sich über Jahrhunderte in Wüsten und Ebenen im Pferd verfestigt und fordert Geduld und Ruhe von Ausbilderseite. Iberisch geprägte (Gang-) Pferde wickeln Aufregung häufig auf der Stelle ab. Aus dem Machismo des Spaniers hat sich ein Pferd entwickelt, das eine halbe Stunde „Stress auf der Stelle" machen kann, sich übermäßig anstrengt und aufregt, den Reiter dabei aber kaum beansprucht. Die sehr feinfühligen Paso-Pferde stehen Aufregungen mit einer ganzen Reihe von Empfindungen gegenüber. Mit einem ungeschickten Reiter sind sie daher sehr schnell emotional am Ende.

Welche Vorgänge führen beim Pferd zu Leistung?

Druck als Laufmotivator

In einer Angst-Situation zeigt das Pferd Dinge, die seinen aktuellen Leistungsstand weit übersteigen. Stresshormone wirken schmerzdämpfend und leistungssteigernd, um gegebenenfalls die Fluchtchancen zu erhöhen. Der Ausbilder kann das Pferd bewusst in diesen Zustand bringen, indem er es mit seinen Anforderungen unter Druck setzt. Er kann so lange „erfolgreich" mit dem Pferd arbeiten, wie er den Stress mit seinen Hilfen oder Hilfsmitteln kontrollieren kann. Geistig ist das Pferd permanent auf der Flucht, körperlich hält der Ausbilder diese Fluchttendenz unter Kontrolle. Ab einem gewissen Punkt reicht die Angst nicht mehr und beim Pferd stellt sich ein starrer Reflex ein. Pferde, die durch Druck zu Leistung animiert wurden, sind schwer zu korrigieren und tragen in der Regel auch körperliche Schäden davon. Es gibt immer Momente, in denen Druck ausgeübt werden muss (Rangordnungsklärung). Aber Angst darf beim Verhältnis zum Pferd und dessen Leistungen nicht der Hauptmotivator sein. Ein Pferd, das unter Druck steht, ist an seiner Haltung, seinem Gesichtsausdruck, den Augen zu erkennen.

Lust als Laufmotivator

Auch Lustlaufen ist hormonell gesteuert (Endorphinausschüttung). Es ist ein ausgezeichneter Motivator. Das Pferd gefällt sich selbst in seinen gelungenen Bewegungen, zum Beispiel wenn es sich ausgelassen auf der Weide präsentiert. Am Ausbilder liegt es, dem Pferd zu ermöglichen, sich immer wieder gut zu fühlen. Das geschieht durch angemessene Anforderungen und durch Lob. Am Anfang einer neuen Übung ist es wichtig, sogar den richtigen Gedanken des Pferdes zu loben. Beispielsweise muss der Ausbilder beim Erlernen des Rückwärtsrichtens den leisesten Ansatz des Pferdes, sein Gewicht einen Hauch nach hinten zu verschieben, sofort loben. Entscheidend ist auch, wie dem Pferd eine Aufgabe gegeben wird. „Du gehst jetzt rückwärts!" oder „Bitte geh etwas zurück." Das heißt nicht, dass die Dominanzverhältnisse umgekehrt werden, aber es drückt die grundsätzlich positive Erwartungshaltung des Ausbilders gegenüber dem Pferd aus. Er geht davon aus, dass es sicher so nett sein wird, weil er die nötigen Voraussetzungen geschaffen hat durch Hilfen, Körperposition und Umfeld.

Erlernen neuer Lektionen

Veränderungen sowie Lernschritte sollten in kleinen Abschnitten vorgenommen werden. Nur wenn das Pferd freundlich und wie erwartet reagiert, kann mehr gefordert werden. Ein erreichter Level kann auch eine bestimmte Zeit lang gehalten werden, damit das Pferd sich ausruhen kann und nicht denkt, die Forderungen hätten nie ein Ende. Wichtig ist, dass man nichts macht oder versucht, was das Pferd ignorieren könnte. Lieber wenig verlangen, das dann aber durchsetzen.

Der Ausbilder muss die kleinstmöglichen Bausteine einer zu erarbeitenden Lektion kennen. Diese werden schrittweise zusammengefügt, bis eine vollständige Lektion entstanden ist. Mit zuversichtlicher Bestimmtheit arbeitet man auf ein Ziel hin, in der Gewissheit es zu erreichen, aber ohne zeitlichen Druck. Beim Erarbeiten neuer Lektionen oder auch bei Schwierigkeiten mit dem Pferd ist es wichtig, zielgerichtet zu bleiben und mit ruhiger Konsequenz weiter zu arbeiten – auch wenn es dauert.

Fallbeispiel: Eine Islandstute tat sich schwer damit im Genick nachzugeben. Zu Beginn wurde diese Bewegung im Stehen ohne Reiter abgefragt. Später dann beim Reiten. Gab die Stute auch nur ganz kurz nach, wurde der Zügel sofort hingegeben. Die Etappen, die das Pferd diese Haltung beibehielt, wurden dann langsam verlängert. Anfangs gab man sich mit zwei Schritten zufrieden, sagte „Danke“ (langer Zügel) und begann erneut. Dann folgten zwei Runden Zirkel, dann zwei Runden ganze Bahn und so steigerte man die Anforderungen, bis die Stute diese Haltung die gewünschte Zeit durchhalten konnte.

Beim Erlernen neuer Lektionen ist es nicht wichtig, dass das Pferd auf Hilfen sofort die Lektion richtig ausführt, sondern dass es auf Hilfen antwortet. Denn eine Antwort bedeutet schon mal die Bereitschaft nachzudenken über das Geforderte. Das Pferd versucht etwas Neues umzusetzen. Jedes Pferd lernt so schnell wie es kann. Ein Reiter, der neue Lektionen vermitteln will, muss sich auf die Feinheiten in der Reaktion des Pferdes sensibilisieren, um zu erspüren, ob das Pferd in die richtige Richtung denkt. Er muss ein feines Gespür für die Veränderung des Gleichgewichts des Pferdes, für die Veränderung der Spannungsverhältnisse, für die Veränderung der Haltung entwickeln. Belohnt werden die Pferde bei der Entwicklung von neuen Lektionen, bei der ersten richtigen Antwort auf die Hilfen mit dem Aussetzen der Hilfen (siehe Kapitel „Sitz und Einwirkung“).

Wie eine zu konditionierende Hilfe exakt aussieht, ist für das Pferd erst einmal sekundär. Die Zuordnung eines Signals auf eine Bewegungs- oder Haltungsänderung kann bei entsprechender Übung auf alle Arten von Signalen erfolgen. Nicht nur taktil, auch auditiv oder visuell, zum Beispiel bei der Bodenarbeit, kann das Pferd alle Arten von Signalen zuzuordnen lernen, zum Beispiel Hüftschwung oder ein Stimmkommando zum Anhalten. Es kommt hauptsächlich auf das konsequente Konditionieren der Signale an; darauf, dass man bei einer Hilfenkombination bleibt. Dabei bieten sich einige Signale auf Grund ihrer Praktikabilität und der von ihnen ausgelösten natürlichen Reflexe – zum Beispiel lässt Schenkeldruck Muskulatur kontrahieren – mehr an als andere. Sinnvoll sind immer Hilfen, die dem Reiter die Möglichkeit für aufbauende Lektionen nicht erschweren. So könnte man sicherlich für den Linksgalopp am linken Ohr ziehen und zum rechts Angaloppieren am rechten. Allein die Galoppwechsel werden dann etwas schwierig ...

Reaktion, Konzentration, Koordination

Derzeit sind verschiedene Methoden modern, die das Einreiten eines Pferdes innerhalb sehr kurzer Zeit, von 30 Minuten bis drei Tage, propagieren. Davon abgesehen, dass zu klären wäre, was „eingeritten" überhaupt bedeutet, ist es völlig unerheblich, wie viel Zeit dafür benötigt wird. Neben dem Aufbau des Vertrauens ist es wichtig, die Grundlagen für die gymnastische Ausbildung zu schaffen, indem man das Pferd von Anbeginn zu Reaktion, Konzentration und Koordination anhält.

Das sind die Dinge, auf die sein Leben lang aufgebaut wird und die letztendlich zu einem leichtrittigen Pferd führen.

Reaktion ist die Änderung eines Zustandes oder Verhaltens auf einen Reiz hin. Die Kunst des Ausbilders ist es, jeden Ausbildungsschritt, jede Lektion bis in die kleinsten Bausteine zu zerlegen, sodass es für das Pferd leicht wird, in gewünschter Weise zu reagieren. Diese ersten Reaktionen werden gefordert und durch ein Lob sofort positiv bestätigt. Immer, wenn der Ausbilder beim Pferd etwas abfragt, sollte er eine kleine positive Antwort erhalten. Dazu muss er gut hinschauen und -fühlen. Manchmal ist die positive Antwort nämlich so klein, dass sie noch nicht wirklich sichtbar ist. Die Veränderung der Muskelspannung des Pferdes zeigt aber an, dass es in die richtige Richtung denkt. Es hat das Bein vielleicht noch nicht wirklich rückwärts gesetzt. Aber man merkt, es denkt darüber nach, ob es richtig wäre und ob es das wohl machen könnte. Schon für diesen richtigen Gedanken, diese richtige Reaktion, muss das Pferd gelobt werden. Auf diese Weise wird Reagieren geübt.

Konzentration ist die bewusste Steigerung der Aufmerksamkeit und ihre Bindung an ein vorgegebenes Ziel. Die Fähigkeit sich zu konzentrieren setzt Vertrauen und eine gewisse Gelassenheit voraus. Ist das Pferd zu ängstlich oder auch umweltbedingt von Reizen überflutet, kommt es zu Konzentrationsmangel. Es hat seine Aufmerksamkeit nicht mehr auf den Ausbilder gerichtet und nimmt Forderungen, die gestellt werden, einfach nicht mehr wahr. Es kann nicht mehr zuhören. Daher sollte eine ruhige Arbeitsatmosphäre geschaffen werden. Das bezieht sich vor allen Dingen auf den Ton und die Haltung des Ausbilders.

Die Umgebung selbst sollte nicht „steril" sein, also nicht abgeschottet von äußeren Reizen, denn das entspricht nicht der Realität.

Die Konzentration des Pferdes wird vor allen Dingen durch das Abfragen von Reaktion gefördert. Es muss immer wieder aufpassen, welche Anforderungen gestellt werden und wie es darauf reagieren kann. Wichtig ist in diesem Zusammenhang ruhiges Stehenbleiben. Auch ungewöhnliche Übungsfolgen, zum Beispiel Seitwärts-Halt-Rückwärts, oder das Training im Trailparcours fördern die Konzentration.

Die Arbeitszeit muss auf die Konzentrationsfähigkeit des Pferdes abgestimmt werden. Diese liegt beim jungen Pferd mit Sicherheit nicht über 20 Minuten.

Koordination bedeutet, verschiedene Vorgänge miteinander in Einklang zu bringen. Das Pferd lernt, Hilfen zuzuordnen und die Bewegungen entsprechend abzustimmen. Hierzu gehört vor allen Dingen die frühzeitige Kontrolle des Gleichwichts. Es ist sehr wichtig, schon beim ganz jungen Pferd auf eine stimmige Gleichgewichtssituation zu achten. Denn sie ist die Voraussetzung, um überhaupt zu Takt und Losgelassenheit zu kommen. Das Pferd muss sich körperlich so einzurichten lernen, dass es überhaupt reagieren kann.

Das junge Pferd wird in Ruhe an seine Aufgaben herangeführt. Paso Iberoamericano mit Kaja Stührenberg, Andrea Jänisch. Foto: L. Lenz

Die Ausbildung sollte außerdem auf das Erlernen möglichst vielfältiger Bewegungsmuster ausgerichtet sein, um koordinative Fähigkeiten zu schulen. In diesem Sinne ist zum Beispiel die Reduzierung der Ausbildung auf nur zwei Gangarten zweifelhaft.

Das junge Gangpferd

Da die Arbeit mit jungen Pferden nicht Schwerpunktthema dieses Buches ist, möchten wir uns hier auf die Beantwortung häufig gestellter Fragen beschränken.

Womit fängt man an?

Das Pferd sollte sich von links und rechts im Schritt führen lassen. Von da aus beginnt man mit dem Führlongieren: Das Pferd wird quasi zwischen Longe und Gerte vom Ausbilder fixiert und auf allen Linien, die man später reiten möchte, geführt.

Das Pferd lernt die Kommandos Geh, Steh und Wende. Dabei ist von Anfang an darauf zu achten, dass das Pferd gut ausbalanciert in die Biegungen geht. Es darf zum Beispiel keinesfalls Kurven in Außenstellung durchlaufen. Vorbereitende Übungen hierfür sind das Genickgeben und Flexen vom Boden aus (siehe Kapitel „Gymnastizierung im Schritt") und eine durchdachte Anordnung der Figuren beim Führlongieren, bei der das Pferd immer wieder gerade gerichtet wird und erneut abwenden muss. Im Zuge der Ausbildung kann das Pferd nur mit einem Zeigen der Gerte auf die Schulter dazu

Führlongieren: Das junge Pferd lernt, in gleich bleibendem Abstand vom Ausbilder auf geraden und gebogenen Linien zu gehen. Isländer Fenja und Petra Krämer. Foto: L. Lenz

Das Beweglichmachen von Genick und Hals: Auf leichte Impulse am Kappzaum wendet das Pferd den Kopf zur Seite. Die rechte Hand am Pferdehals erleichtert eine präzise Ausführung der Bewegung. Foto: L. Lenz

Bei dem Handwechsel an der Longe wird das Pferd von der Kreislinie auf den Longierenden zu – und dann an ihm vorbeigeführt. Auf diese Weise lassen sich viele Bahnfiguren, beispielsweise Schlangenlinien und „Aus der Ecke kehrt“, an der Longe ausführen.

veranlasst werden, die Schulter entsprechend der Biegung zu platzieren.

Vom Führlongieren erfolgt ein nahtloser Übergang zum Longieren, damit man auch schnellere Gangarten üben kann. Sehr wichtig ist in diesem Zusammenhang das Ausführen fließender Handwechsel, ohne das Pferd dabei abzubremsen.

Einleitung des Handwechsels an der Longe. Paso Fino Feline, Petra Krämer. Foto: L. Lenz

*Übertreten an der Hand schult Reaktion, Konzentration und Koordination beim jungen Pferd.
Mangalarga Marchador Aleixa, Kaja Stührenberg.
Fotos: T. Ruthof*

Es ist eine Lektion, die Reaktion, Konzentration und Koordination des Pferdes ungemein schult und hilft Außenstellung zu vermeiden. Gleiches gilt für einfaches Übertreten an der Hand und bei fortgeschrittener Ausbildung für die Seitengänge bei der Bodenarbeit.

Bei stark passveranlagten Pferden helfen Cavaletti den Trab zu finden. Foto: L. Lenz

Welche Gänge sind erlaubt?

Neben dem Schritt sollte das junge Gangpferd im mittleren Tempobereich vorzugsweise im Trab geschult werden. Seine Vorteile zur Gymnastizierung des Pferdes wurden bereits im Kapitel „Grundgangarten Trab“ erläutert.

Bietet das Pferd Tölt oder eine Variante an, so ist das zu tolerieren. Meist ist die Taktstabilität des Jungpferdes auf Biegungen jedoch noch nicht gegeben. Es besteht immer die Gefahr der Galopprolle. Zur Vorbeugung oder Korrektur sollte es daher im Tölt oder einer Viertaktvariante auch immer wieder im Führlongieren geradeaus gearbeitet werden.

Die Gangart Pass ist konsequent zu unterbinden (siehe auch Kapitel „Die Last mit dem Pass“ und „Taktfehler Viertakt“)! Schon vor dem ersten Reiten sollten stark lateral veranlagte Pferde im Trab geschult werden. Es ist einfacher den Trab als einen Viertakt an der Hand zu realisieren. Meist können die Pferde nur in einem bestimmten Tempo Trab gehen. Dieses muss herausgefunden werden. Unterstützend kann das Pferd über Stangen treten oder es können Ringe, Glocken oder Hufeisen an der Vorhand helfen, den Pass zu brechen.

Der Longenführer gewährleistet, dass Haltung und Gleichgewicht des jungen Pferdes von Beginn an stimmig sind, zum Beispiel indem er mit der Gerte verhindert, dass das Pferd auf die innere Schulter fällt. Paso Fino Feline, Petra Krämer, Andrea Jänisch. Foto: L. Lenz

Wechselt das junge Pferd dauernd die Gangarten, so ist vor allem das richtige Tempo für die gewünschte Gangart herauszufinden und das Pferd durch Körperposition, Stimme, Gerte oder Longe darin zu halten.

Außer in besonders begründeten Fällen, in denen der Galopp zur Lockerung des Rückens notwendig ist, sollte der Galopp beim jungen Gangpferd vorerst ausgelassen werden. Eine Gangart mehr ist eine Gangart mehr zu unterscheiden, das verwirrt das junge Pferd nur unnötig und birgt die Gefahr, dass sich in die anderen Gänge Galopprollen einschleichen.

Wann kann mit dem Reiten begonnen werden?

Wenn das Pferd an der Longe im Schritt und mittlerer Gangart ausbalanciert in verschiedenen Bahnfiguren geht, kann mit dem Reiten begonnen werden. Die Gewöhnung an den Sattel, das Aufsitzen und das Reitergewicht kann parallel erfolgen.

Die vorhergegangenen Übungen werden mit Reiter wiederholt. Der Longenführer gewährleistet, dass Haltung und Gleichgewicht des jungen Pferdes von Beginn an stimmig sind. Missverständnisse und daraus resultierende grobe

Als Handpferd wird das junge Pferd ans Gelände gewöhnt. Foto: L. Lenz

Im Trailparcours lernt das Pferd Scheufestigkeit und den Umgang mit Geländehindernissen. Paso Peruano Mariscal mit Renée Grabosch. Foto: L. Lenz

Hilfengebung werden durch die Hilfe von unten vermieden. Der Reiter übernimmt dann mehr und mehr die Führung, bis er ohne Longe um den nur noch in der Mitte stehenden Ausbilder herumreiten und Basislektionen wie Antreten, Anhalten und Wenden abfragen kann.

In Begleitung eines sicheren Pferdes bekommt das Jungpferd dann in Bahn und Gelände Routine im Umgang mit dem Reitergewicht und verschiedenen Situationen.

Begleitend zu dieser Ausbildung kann das Jungpferd als Handpferd mit ins Gelände genommen werden oder im Trail-Parcours koordinationssicher und scheufest gemacht werden.

Wann reite ich den gewünschten Gang?
Jedes junge Gangpferd hat zu Beginn seiner Ausbildung einen Gang, den es bevorzugt. Solange dies nicht Pass ist, ist jede Tölt- oder Trabvariante zum Erlernen von Takt und Atemtechnik recht. Man sollte das Pferd in diesem Stadium der Ausbildung in keinen unbekannten Bewegungsablauf zwingen. Da es die Grundbegriffe der Hilfengebung noch nicht versteht, würde es mit solchem Anliegen nur unter Stress gesetzt. Eine geregelte Atmung würde dadurch verhindert. Erst nachdem es ein Grundverständnis für die Hilfen hat und sein Gleichgewicht in dieser ersten Gang-Variante unter dem Sattel wieder gefunden hat, kann damit begonnen werden, die gewünschte Gangvariante auszubilden. Mit zunehmendem Ausbildungsstand wird der aufmerksame Reiter erkennen, zu welchem Zeitpunkt mit angemessenen Hilfen oder Hilfsmitteln der Takt variiert werden kann. Bei Paso Finos kommt es beispielsweise häufig vor, dass das junge Pferd trabnah (Trocha) geht und erst im Laufe der Ausbildung zum reinen Viertakt findet.

Ähnlich verhält es sich mit den Tempovarianten. Vom Lieblingstempo des Pferdes ausgehend – sofern der Takt hier gefestigt ist – bildet man die anderen Tempi aus. Wichtig ist es, immer wieder zu dem Basistempo zurückzukommen, um keine Überforderung, einhergehend mit Verspannungen und Taktfehlern, zu riskieren. Viele Reiter wollen entweder aus Ehrgeiz zu früh zu schnell reiten oder aus Angst langsamer, als es dem Pferd angemessen ist.

AUSREITEN

Ein schöner, geselliger Ausritt auf einem sicheren, bequemen Pferd ist mit Sicherheit für den Großteil der Gangpferdereiter das Hauptziel. Ausreiten ist aber nicht nur ein Ziel der Ausbildung, sondern auch ein wichtiger Bestandteil derselben.

Unschätzbarer Vorteil des Geländereitens sind seine Auswirkungen auf die Moral des Pferdes. Das gilt für Pferde jeden Alters und Ausbildungsstandes – immer vorausgesetzt, sie haben die Grundbegriffe des Reitens (Geh-Steh-Wende) verstanden. Das freie Vorwärts in abwechslungsreichem Gelände, allein oder in der Gruppe, fördert die Lauffreude, Beweglichkeit, Trittsicherheit und Scheufestigkeit und sollte für jedes Pferd zum Alltag gehören.

Für die gymnastizierende Ausbildung des Pferdes liegt der Vorteil des Bahnreitens in der Symmetrie. Sie ermöglicht es Figuren zu reiten, die harmonisch und in sich stimmig angelegt sind. Damit fördern sie die Losgelassenheit des Pferdes. Im Gelände sind diese symmetrischen Formen schwieriger zu erreiten. Kurventechniken oder Seitengänge lassen sich mühsamer einüben, wechselnde Bodenbeschaffenheit kann bei der Taktfindung stören. Das Verbessern der Rittigkeit im Gelände ist daher schwieriger. Es setzt voraus, dass man gewisse Techniken in der Bahn vorgearbeitet hat, die dann im Gelände abrufbar sind. Dann kann das Ausreiten jedoch sinnvoll in die gymnastizierende Ausbildung des Pferdes eingebaut werden. Wegränder sind zum Beispiel zum Reiten eines Schulter- oder Kruppehereins geeignet. Auf breiten Wegen kann das Pferd seitlich verschoben werden. Enge, gewundene Pfade, die dem Pferd durch Hecken oder Zäune eine optische Begrenzung bieten, können genutzt werden, um Stellung und Biegungen abzufragen.

Ausreiten sollte für jedes Pferd zum Alltag gehören. Paso Finos De Raza Caliente Mako und La Luciernaga mit Ute und Robert Steinbeis. Foto: C. Slawik

Neben den üblichen Kriterien für einen harmonischen Ausritt, also Schritt zu Beginn und Ende, Absprache von Tempowechseln und Rücksicht auf ungeübte Pferde und Reiter, ist für das Gangpferd die Berücksichtigung der Geländebeschaffenheit und des Tempos von besonderer Bedeutung:

In erster Linie kann man im Gelände am Takt des Pferdes arbeiten. Gerade, gleichmäßige Wege sind gut dafür geeignet einen gleichmäßigen Viertakt zu finden. Man kann auf ihnen Übergänge, Takt- und Tempowechsel üben. Unebene Wege fördern den Trab; sie können jedoch auch helfen, ein passverschobenes Pferd Richtung Viertakt lockerer zu machen. In tiefem Boden verstärken sich häufig (nicht immer) Trabtendenzen. Bergabreiten auf einem sanften Hang verhilft sowohl trab- als auch passverschobenen Gangpferden oft zu einem klaren Viertakt. Bergauf reiten im Viertakt provoziert meist eine Galopprolle.

Bergauf und bergab reiten ist der Gleichgewichtsschulung dienlich, denn das Pferd muss seinen Schwerpunkt immer wieder umplatzieren. Man kann auch auf dem Hang einmal für einen Moment anhalten, um das Halten des Gleichgewichts an einem bestimmten Platz (im Pferdekörper) zu schulen oder um die Hinterhand generell zu schulen und unter den Körper zu holen. Bergauf reiten bringt Kraft in die Hinterhand und bewirkt durch das Hochhebeln eine recht gute Beweglichkeit der Lendenwirbelsäule und des

Ausreiten bietet Abwechslung: Töltiberer (Lusitanos) Bonitao de Cadaval und He-Xeno mit Andrea Jänisch, Kaja Stührenberg. Foto: L. Lenz

Kreuzdarmbeingelenkes. Aufgrund der Schrittlänge und Frequenz der verschiedenen Viertakt-Gangarten ist es schwer, Gangpferde auf ein gemeinsames Grundtempo einzugrenzen (siehe auch Kapitel „Auswahl eines Gangpferdes"). Bei fortgeschrittenen Pferden sollte es zwar möglich sein. Bis es so weit ist, muss entweder in anderen Gangarten ausgeritten werden oder die Gruppe muss sich zum Beispiel für eine Töltstrecke auseinander ziehen. Grundsätzlich sollten zum Finden eines stabilen Viertaktes längere Strecken geritten werden. Häufiges Durchparieren und wieder Anreiten erschwert das Finden und Halten des Taktes.

GYMNASTIZIERUNG III: ALLES „IN“TAKT

Anlässlich eines Seminars über die Grundausbildung von Gangpferden wurde die Frage gestellt, an welcher Stelle man die gymnastische Ausbildung eines mehrgängigen Freizeitpferdes als ausreichend betrachten könnte. Als Meilensteine für die erreichte Rittigkeit sollten hier das Schulterherein und das Übertreten auf dem Zirkel gelten. Die Lektionen sollten zumindest im Schritt auf beiden Händen zu reiten sein, um eine gewisse Hilfenakzeptanz, Leichtigkeit und Biegsamkeit zu gewährleisten. Gerade der Schenkelgehorsam muss hier für das Freizeitpferd betont werden, denn an schwierigen Stellen im Gelände muss das Pferd unbedingt präzise dirigierbar sein. Dazu kommt der Schenkel in seiner Funktion für den Takterhalt und vor allem für Biegungen. Festigkeit, die durch das Reiten langer, gerader Strecken teilweise auftritt, wird durch das Reiten von Stellungen und Biegungen wieder aufgelöst.

IM SCHRITT

Lektionen

Der Schritt hat für die Gymnastizierung des Gangpferdes eine größere Bedeutung als für andere Pferde. Er bietet sich beim Gangpferd vor allem deshalb zum Erarbeiten von Lektionen an, weil der Trab häufig zu unsicher oder instabil ist und der Tölt erst im fortgeschrittenen Stadium schwierige Figuren und Seitengänge erlaubt. Außerdem hat der Schritt den großen Vorteil des geringen Tempos. Der Reiter hat Zeit zu fühlen und die Hilfen zu geben. Das Pferd ist in einer emotional ruhigen Verfassung, um sich zu konzentrieren und Neues zu lernen. Ein entspanntes Training mit genug Zeit für Details ist möglich.

Die Beweglichkeit in Genick und Hals

Die Auswirkungen der Leichtigkeit im Genick für die Entwicklung des Tölts und seiner Varianten in ihrer ganzen Quirligkeit und Beweglichkeit sind nicht zu unterschätzen! Es ist die beste vorbeugende und korrigierende Maßnahme, um Passtendenzen zu vermeiden. Das Genick muss sich beweglich wie ein „Kugellager“ anfühlen. Zumindest im Stehen sollte das Pferd in der Lage sein, seine Abstellung fließend von links nach rechts zu variieren.

Bereits in der Vorarbeit vom Boden aus sollte der Beweglichkeit des Genicks erhöhte Aufmerksamkeit geschenkt werden. (siehe Kapitel „Grundlagen“). Hat das Pferd auf diese Weise die Grundbegriffe des „Genickgebens“ verstanden, wird es vom Sattel aus im Stand erarbeitet.

Durch diese Arbeit werden die Halsmuskeln, die seitlich am Genick ansetzen, langsam und schonend gedehnt. Das Pferd lernt so, einem seitlichen Zügelsignal mit senkrechter Stirnlinie zur Seite nachzugeben.

Beweglichmachen von Genick und Hals im Stand mit Bosal. Foto: L. Lenz

Stellung, das Pferd geht geradeaus und ist im Genick und auch leicht im Hals seitlich gestellt. Foto: L. Lenz

Wir unterscheiden zwischen Stellung und Flexen. Als Stellung wird das seitliche Nachgeben des Pferdes im Genick bezeichnet.

Durch ein leichtes, klingelndes, eventuell zupfendes Zügelsignal wird das Pferd bewogen, seinen Kopf im Genick leicht zur Seite zu nehmen.

Das gut gerittene Pferd nimmt später durch Gewichtsverlagerung und Zügelkontakt am Hals automatisch Stellung an.

Beim Flexen, auch Doublen genannt, kommt eine Biegung des Halses, in Südamerika eine extreme Biegung des ganzen Pferdekörpers, hinzu.

Stellung: Seitliches Nachgeben im Genick.

Verwerfen: Die Stirnlinie des Pferdes ist nicht senkrecht. Die Ohren zeigen nach links, die Nase nach rechts.

Flexen: Seitliches Nachgeben im Hals, teilweise bis zur Schulter.

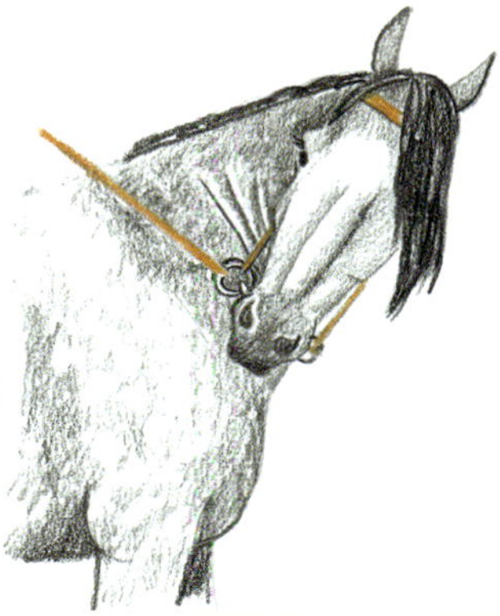

Falsches Flexen: Die Nase des Pferdes wird „herumgezogen“, keine korrekte Dehnung der Halsmuskulatur, da die Stirnlinie nicht senkrecht ist.

Eine Form des Flexens: Die Beweglichkeit des Halses wird abgefragt. Foto: L. Lenz

Das Flexen scheint mit den Pasos aus Südamerika importiert; es ist aber allenfalls ein Re-Import. Sehr detailliert wurde diese Arbeit bereits von Francois Baucher[17] im 19. Jahrhundert beschrieben, der ein unbedingter Anhänger der Leichtigkeit in der Hand war. Heute werden die Lehren von Baucher in Europa noch von der Ecole National in Saumur beim Cadre Noir und einigen klassischen Dressurausbildern gepflegt.

Kultiviertes Flexen wird mit einer gebisslosen Zäumung, üblicherweise dem Bosal, ausgeführt. Es kann aber auch mit der Trense ausgeführt werden. Die innere Hand greift um die Hälfte der Zügellänge vor und wird zur Seite herausgenommem. Dort gibt sie Seitwärts-Impulse, die langsam gesteigert werden. Die äußere Hand kann bis an Ohrhöhe vorgehen. Wichtig

[17] Baucher, Francois: *Methode der Reitkunst nach neuen Grundsätzen,* Olms, Hildesheim 1998

ist, dass die Stirnlinie des Pferdes senkrecht bleibt, denn nur dann rundet sich der Hals in voller Länge. Später kann die äußere Hand auch nach oben führende Impulse geben, um den Kopf zu heben. Ist das Pferd auf Bosal und Kandare gezäumt, dann führt das Bosal den Kopf herum und die Kandare stellt die Nase senkrecht (rundet den Hals). Flexen muss langsam ausgeführt werden.

Flexen wird teilweise disziplinarisch eingesetzt, denn das Pferd kann sich mit stark gebogenem Hals nicht mehr widersetzen, bocken oder steigen. Wenn Pferde diese Methode kennen, kann so durchgeführtes Flexen ein Mittel der Dominanz sein. Häufig ist Flexen in dieser Form ausgeführt aber sehr brutal und auch nicht im Sinne Bauchers.

Es ist von großer Bedeutung, wie die seitliche Abstellung abgefragt wird. Zur Schulung der Beweglichkeit von Genick und Hals ist eine präzise Anregung der betroffenen Muskelgruppen nötig. Langsame und genaue Arbeit ist gefragt und ein Reiter, der sich in den Zustand der Halsmuskulatur gut hineinfühlen kann. Es darf sich auf keinen Fall um ein „Rüberziehen" durch den Reiter handeln, sondern das Pferd soll auf ein Signal hin leicht die gewünschte Stellung annehmen. Idealerweise muss der Reiter erspüren, wie er die Halsmuskulatur dehnen möchte, wo die Widerstände sind und wie er sie auflösen kann: wo bleibt die fließende Bewegung hängen? Muss der Hals insgesamt tiefer eingestellt werden? Kann das Pferd sich dabei schon beizäumen, also die Oberhalsmuskulatur locker lassen? Möchte der Reiter nur Stellung im Genick oder möchte er auch den Hals mit einbeziehen?

Ein Winkel von 45 Grad sollte in den meisten Fällen nicht überschritten werden. Das Pferd darf sich nicht verkanten oder verwerfen, denn dann ist die optimale Muskeldehnung nicht mehr gegeben. Es ist nur von sekundärer Bedeutung, ob ein Pferd „den Stiefel küssen kann" oder gar noch weiter nach hinten gefüttert wird. Beides ist zu unpräzise und gibt dem Pferd zu viele Möglichkeiten seinen Muskelblockaden auszuweichen und die unangenehmen, nicht funktionierenden Muskelpartien auszusparen.

Die seitliche Nachgiebigkeit von Genick und Hals sollte zumindest auch im Schritt abgefragt werden. Das Pferd sollte mit unterschiedlichster Abstellung gehen können, ohne hierbei mit der Hinterhand in die Gegenrichtung auszuweichen. Diese Übung kann mit verschiedenen Bahnfiguren wie Zirkel verkleinern und vergrößern kombiniert werden oder auch im Gelände eingesetzt werden, um immer wieder Leichtigkeit abzufragen.

Diese Arbeit ist nicht geeignet, um den Walk zu verbessern, da sich das Kopfnicken verlieren würde.

Schulterkontrolle

Hand in Hand mit dem Abfragen von Stellung geht die Schulterkontrolle. Der Zügelkontakt an der inneren Halsseite verbietet der Schulter des Pferdes nach innen zu kommen; dem Pferd, etwa in einer Volte auf die innere Schulter zu fallen. Der Zügelkontakt an der äußeren Schulter begrenzt deren Spielraum, zum Beispiel um in einer Biegung ein Fallen über die äußere Schulter zu vermeiden. (siehe Kapitel „Sitz und Einwirkung") Das Pferd muss in die Lage versetzt werden, sein Gewicht fließend von der inneren auf die äußere Schulter übernehmen zu können. Erst die Schulterkontrolle macht es möglich, das Pferd in seiner Balance zu kontrollieren und damit korrekte Biegungen zu reiten.

a) das Pferd fällt über die äußere (linke) Schulter

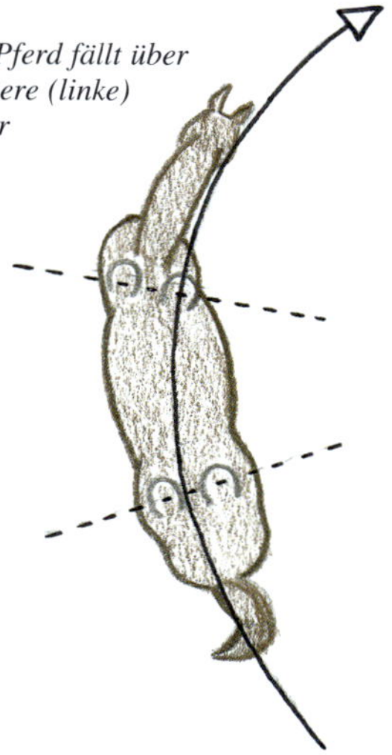

b) das Pferd fällt auf die innere (rechte) Schulter

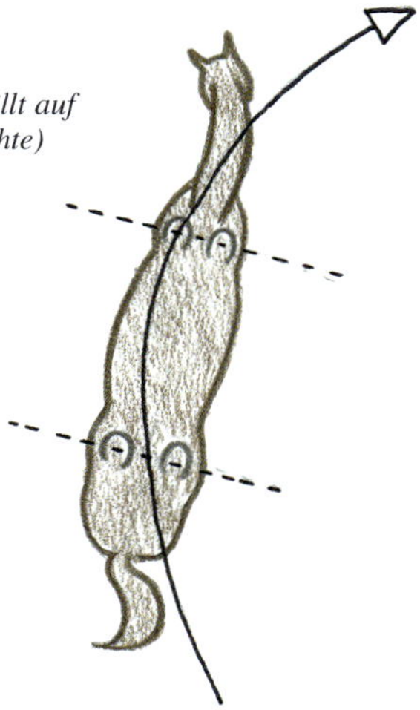

c) das Pferd ist korrekt gebogen

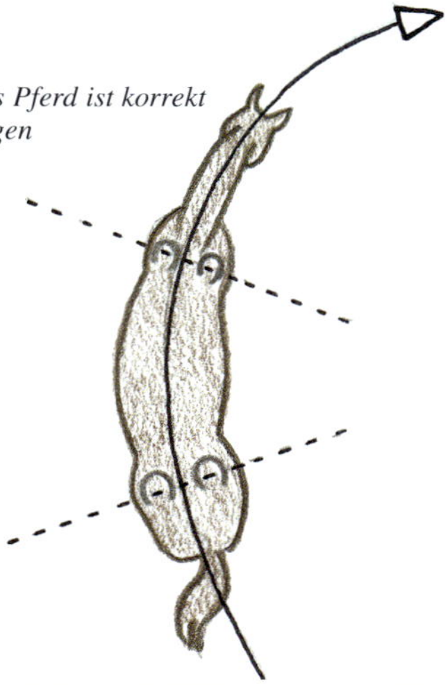

Die Schulterkontrolle ist Voraussetzung, um korrekte Biegung zu reiten und das Pferd in seinem Gleichgewicht zu unterstützen.

Die Schulterkontrolle ist so wichtig für das Gangpferd, weil sie eine schnelle Korrektur der Galopprolle gewährleistet. Diese Arbeit nimmt zum Beispiel bei Pasorassen, die oft mit schweren, durchhängenden Zügeln geritten werden, einen wichtigen Stellenwert ein, um sie immer leicht und taktklar zwischen den beiden Zügeln balancieren zu können (zuzüglich der restlichen Hilfen).

Das „Genickgeben“ und die „Schulterkontrolle“ haben beim Gangpferd einen besonders hohen Stellenwert, weil sie für die Taktfindung und -erhaltung so bedeutsam sind. Das lockere Genick verhindert Pass, die Kontrolle der Schulter verhindert die Galopprolle.

Hinterhandwendung

Im Rahmen der fortschreitenden Schulterkontrolle kann eine westernmäßige Form der Hinterhandwendung entwickelt werden. Aus dem Stand heraus wird das Pferd nur durch Anlegen eines Zügels an die Schulter aufgefordert, die Vorhand zur Seite zu führen.

Bei der klassischen Form der Hinterhandwendung tritt die Hinterhand einen kleinen Kreis im Schritttakt, während die Vorhand des gebogenen Pferdes um sie herum tritt. Die Hinterhand muss tätig sein, das innere Bein darf nicht stehen bleiben. Man erreicht dieses Weitertreten, indem man dem Pferd eine kleine Bewegung nach vorne erlaubt. In amerikanischen Reitweisen darf das Pferd das innere Hinterbein drehen, es muss sich willig wenden, darf nicht vorwärts oder rückwärts drängeln. Der so genannte Spin ist die beschleunigte

1)

2)

5)

6)

3)

4)

Westernmäßige Form der Hinterhandwendung durch Anlegen des äußeren Zügels an den Hals. Paso Fino Dona Helvetica, Andrea Jänisch.
Fotos: L. Lenz

7)

amerikanische Hinterhandwendung. Gymnastisch höherwertig ist das Weitertreten der Hinterhand.

Neben der Verbesserung der so wichtigen Schulterkontrolle und der Hilfensensibilisierung liegt der gymnastische Wert einer Hinterhandwendung vor allem darin, dass die Hinterhand des Pferdes weiter zum Schwerpunkt treten muss.

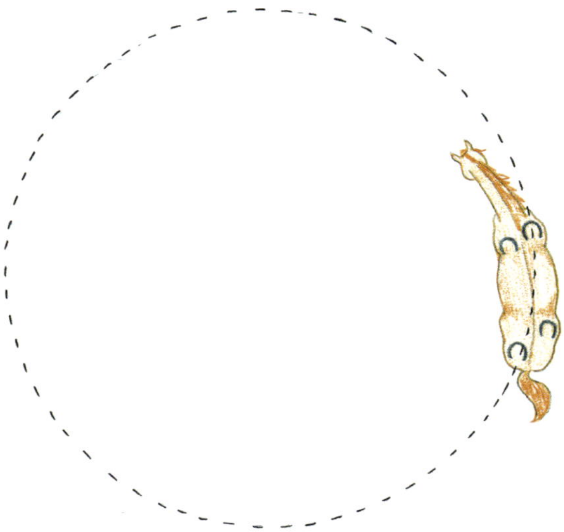

Übertreten auf dem Zirkel.

Übertreten auf dem Zirkel

Beim Übertreten auf dem Zirkel bleibt die Vorhand auf der Zirkellinie, die Hinterhand wird mit dem inneren Schenkel veranlasst auf einem größeren Radius als die Vorhand zu gehen und überzutreten. Diese Lektion dient der Verbesserung des Schenkelgehorsams sowie der Aktivierung und Lockerung der Hinterhand. Zur Anregung des Fleißes eignet sich eine weniger gebogene Körperausrichtung, um das Pferd möglichst weit überkreuzen zu lassen. Zum Lockern und Aktivieren der Hinterhand sollte das Pferd mehr gebogen sein und weniger Abstellung zur Zirkellinie haben.

Je kleiner der Radius des Zirkels wird, desto größer wird die Wirkung dieser Lektion. Denn die Vorhand muss genau kontrolliert werden, um auf der Rundung des Zirkel zu bleiben, und gleichzeitig muss die Hinterhand fleißiger übertreten, weil sie einen deutlich größeren Radius zu beschreiten hat.

Schulterherein ist eine außerordentlich gymnastizierende Übung. Missouri Fox Trotter Sundancer, Kaja Stührenberg. Foto: T. Ruthof

Schulterherein

Beim Schulterherein ist das Pferd entgegen der Bewegungsrichtung gebogen. Es geht auf drei oder vier Hufschlägen vorwärts-seitwärts. Beim Schulterherein auf drei Hufschlägen ist das Pferd vermehrt gebogen (vergleichbar der Biegung in der Volte), sein innerer Hinterhuf fußt auf dem gleichen Hufschlag wie das äußere Vorderbein. Er fußt damit in Richtung Schwerpunkt. Das Pferd kreuzt die Beine nur vorne, nicht hinten. Auf der steiferen Seite des Pferdes sollte diese Art des Schulterhereins geritten werden. Beim Schulterherein auf vier Hufschlägen ist das Pferd weniger gebogen (vergleichbar der Biegung auf dem Zirkel) und das Pferd kreuzt die Hinterbeine leicht.

Schulterherein ist eine außerordentlich gymnastizierende Übung, weil das gebogene Pferd immer in Richtung seines Schwerpunktes treten muss. Sie macht geschmeidig und fördert die geistige und körperliche Konzentration (Versammlung) beim Pferd. Je nach Charakter des Pferdes kann sie das Pferd aufwecken oder beruhigen. Schulterherein kann man überall in der Bahn und im Gelände auf gebogenen und geraden Linien reiten. Es ist damit eine universelle Übung, die jederzeit und allenorts das Pferd verbessern kann. Jedes Pferd sollte diese Lektion beherrschen.

Weitere Seitengänge

Bei Travers (Kruppeherein), Renvers und Traversalen ist das Pferd in Bewegungsrichtung gebogen und tritt vorwärts-seitwärts. Der gymnastische Wert dieser Seitengänge liegt vor allem darin, dass das Pferd sein ganzes Körpergewicht über das innere Hinterbein schiebt.

Bei vielen Reitern führt die Beschäftigung mit den Seitengängen schnell zu einer Faszination, sodass sie Freude daran finden, diese zu reiten und fantasievoll zu kombinieren. Zur Verbesserung des Tölts und seiner Varianten dienen die weiteren Seitengänge nicht direkt. Natürlich tragen sie aber zur Lockerheit, Durchlässigkeit und Leichtrittigkeit des Pferdes bei und fördern damit „indirekt“ die Viertakt-Gangarten.

Schritt-Traversale; fortgeschrittene Seitengänge fördern Lockerheit und Leichtrittigkeit des Pferdes. Missouri Fox Trotter Sundancer, Kaja Stührenberg. Foto: T. Ruthof

Wichtig ist vor allem, dass sämtliche Seitengänge in einem ruhigen, langsamen Tempo geritten werden. Nur dann kommt ihre gymnastische Wirkung voll zum Tragen.

Geraderichten, „die Seiten ähnlich machen"

Ein gerade gerichtetes Pferd hat seine Längsachse auf der Linie eingerichtet, auf der es läuft. Das heißt die Linie, sei es eine Gerade oder ein Zirkel, ist deckungsgleich mit der Längsachse des Pferdes.

Die Hinterhand fußt auf der Spur der Vorhand. Die Muskeln beider Körperhälften müssen ausbalanciert und gleich stark sein. Ein Pferd, das sehr schief ist, wird im Tölt häufig mit einer Galopp-Rolle reagieren. Ein wichtiger Punkt im Hinblick auf die Verbesserung der Viertakt-Qualität, vor allem um die Gefahr der Galopprolle einzugrenzen, ist daher die Herstellung einer gleichmäßigen Biegsamkeit und Beweglichkeit des Pferdes.

„Die Seiten ähnlich machen" bedeutet, dem Pferd auf der einen Seite nur so viel Stellung oder Biegung zuzulassen, wie es auf der anderen Hand auch erreichen kann. In dem Maße, in dem die steifere Seite lockerer, dehnbar und kontrahierbar wird, darf auf der anderen Seite mehr Stellung oder Biegung erlaubt werden.

Rückwärtsrichten

Eine elementare Lektion für jedes Pferd ist das Rückwärtsrichten. Rückwärtsrichten bedeutet immer eine Unterordnung, ein Nachgeben gegenüber dem Ranghöheren. Bei frei lebenden Pferden kommt Rückwärtsrichten nur aus diesem Grunde im Repertoire des Pferdes vor. Im Zusammenhang mit dem Menschen verweist das Rückwärtsrichten das Pferd auf seinen Platz.

Rückwärtsrichten kann zudem die Aufmerksamkeit des Pferdes auf den Reiter fixieren. Dazu bietet es sich an, es in ungewöhnlichen Abfolgen abzufragen. Für solche Konzentrationsübungen sind dann häufig nur wenige kurze Tritte rückwärts notwendig. Jean-Claude Dysli hat hierfür den Begriff des „Rückwärtsdenkens" geprägt. Er sagt, ein Pferd muss immer ans Rückwärts denken, dann sei es immer konzentriert, immer auf der Hinterhand und sehr rittig.

Geht ein Pferd sehr vorderlastig (auf der Vorhand), kann das Rückwärtsrichten zur Korrektur seines Gleichgewichts gut eingesetzt werden. Besonders bei Pferden, die sehr vorderlastig anhalten, hat es sich bewährt, direkt „in" das Anhalten hinein einige Tritte rückwärts zu verlangen.

Zu gymnastischen Zwecken ist es nötig, etwas längere Strecken (auf jeden Fall mehr als drei Tritte) rückwärts zu richten. Das Pferd muss dabei den Beckenwinkel ändern und die Hinterbeine mehr beugen als in der Vorwärtsbewegung. Es „setzt sich". Gymnastisch korrektes Rückwärtsrichten erfolgt in flüssigen, diagonalen Tritten. In dieser Form geritten hat das Rückwärtsrichten versammelnden Charakter und kann besonders bei auseinander gefallenen, trablastigen Pferden als Vorbereitung auf das Antölten eingesetzt werden. Bei passverschobenen Pferden würde es jedoch verspannend und damit kontraproduktiv wirken.

Am Rückwärtsrichten kann gut abgelesen werden, ob und wie locker das Pferd in der Rücken- und besonders in der Lenden- und Kruppenmuskulatur ist. Je fester es ist, desto mehr wird es sich dem Reiter widersetzen und mit einem charakteristischen, steifen, breiten Zurückführen der Hinterbeine reagieren.

Beginn der Übung Bergziege. Der Kopf des Pferdes wird tief genommen, die Gerte touchiert vorsichtig die Hinterhand, jede Annäherung an die Vorhand wird ausgiebig gelobt. Foto: L. Lenz

Bergziege in Vollendung; Ruth Giffels. Foto: Kapitzke

„Bergziege“

Bei der Übung „Bergziege“ wird das Pferd im Stehen dazu gebracht, seine Hinterhand so weit wie möglich der Vorhand anzunähern. Besonders Pferde, die sich sehr hohlrückig bewegen oder zu große Hebel in der Hinterhand haben, mit denen sie sich stark vorwärtsschieben, profitieren von dieser Übung. Ihre Balance wird geschult und die Rücken- und Kruppenmuskulatur gedehnt.

Zeitlupenreiten
Ein extrem langsam und dadurch sehr kontrolliert gerittener Schritt führt zur Steigerung der Konzentration und zur präzisen Ausführung von Lektionen und Bewegungen.

Gymnastizierung im Walk
Wir haben den Eindruck, dass Walker sich bei dieser Art der Gymnastizierung zu sehr schließen, ihren Headshake verlieren und beginnen zu tölten. Wir möchten diese Aussage aber nicht allgemein gültig machen, da noch nicht genug Walker in dieser Form ausgebildet wurden.

Bei Walkern wird von versammeltem, „collected" Walk gesprochen. Für unser europäisches Verständnis kann hier nicht von Versammlung die Rede sein. Zur Versammlung gehört immer eine kadenziertere, kürzere und höhere Bewegung. Eine Hankenbeugung und Verkürzung des Pferdes steht jedoch den weiten Bewegungen des Walk entgegen; das Pferd würde dann tölten. Ein Walk gehendes Pferd kommt am besten auf flachen, langen Strecken zurecht.

Entspannungsübungen: Direkt hinter dem Hinterhauptbein des Pferdes liegt ein Reflexpunkt, der durch Druck mit zwei Fingern stimuliert werden kann. Das Pferd senkt den Kopf und kommt damit zu einer entspannteren Haltung. Kombiniert mit einem Abstreichen des Halses kann diese Übung später auch beim Reiten eingesetzt werden.

Taktfehler

Zackeln
Von Takt, Ausdruck und Gemütszustand ist das Zackeln nicht weit vom „animated walk" entfernt. Die Schrittlänge ist kurz, meistens siegelt das Pferd nicht mehr, der Schritt wippt deutlich zum Trab hin und der Gemütszustand des Pferdes ist ungeduldig bis aufgeregt. Zackelnde Pferde „haben keine Zeit" Schritt zu gehen, sich loszulassen.

Zur Korrektur wäre also als Erstes zu klären, wie der Gemütszustand verbessert werden kann. Es muss Geduld geübt werden. Ein gute Möglichkeit besteht darin, immer wieder anzuhalten und ausgiebig am durchhängenden Zügel das Pferd stehen zu lassen. Während des Schrittes kann es helfen, das Pferd mit ruhig gerittenen Lektionen wie Biegungen oder Schulterherein abzulenken. Man sollte konsequent darauf bestehen, dass wirklich Schritt gegangen wird; egal wie weit man das Tempo zurücknehmen muss, damit das trabähnliche Wippen aufhört.

Zusätzlich sollte man darauf achten, dass die Oberlinie des Pferdes entspannt wird. Geht dies unter dem Sattel noch nicht, so übt man mit dem Pferd an der Hand Entspannungsstrategien. Wirkungsvoll ist die Stimulierung des Reflexpunktes im Genick des Pferdes, an dem man ein Kopfsenken auslösen kann.

Mit der Zeit kann der Reflexpunkt durch Abstreichen des Mähnenkamms ersetzt werden, sodass diese Entspannungsübung auch gut von oben beim Reiten eingesetzt werden kann.

Passiger Schritt

Im passverschobenen Schritt betont das Pferd die laterale Zweibeinstütze länger als die diagonale.

Die Ursachen für einen passverschobenen Schritt sind vielfältig (siehe Kapitel „Die Last mit dem Pass“). In erster Linie sind hier die genetische Veranlagung, Gebäudefehler und besonders auch eine feste Rücken- und Lendenmuskulatur zu nennen.

Oft lässt sich allein durch das Zurücknehmen des Tempos schon eine Taktverbesserung erzielen. Biegungen und nicht zu anspruchsvolle Seitengänge bringen nur dann eine Verbesserung, wenn sich das Pferd nicht überfordert fühlt. Ein Übertreten auf dem Zirkel kann die Hinterhand- und Lendenmuskulatur lockern. Sehr wirkungsvoll sind ruhige Ritte im unwegsamen, bergigen Gelände und ganz besonders das Klettern.

Zügellahmheit

Um zu überprüfen, ob das Pferd zügellahm ist oder tatsächlich lahm, reitet oder führt man es am langen Zügel. Geht es dann nicht mehr lahm, handelt es sich um Zügellahmheit.

Das zügellahme Pferd geht ataktisch auf Grund stark unterschiedlicher Spannungen in der Muskulatur der linken und der rechten Körperseite. Häufig lässt sich dieser Fehler auf zu starke Einwirkung des Reiters am Gebiss zurückführen, zum Beispiel bei sehr temperamentvollen Pferden.

Zur Korrektur ergibt sich daher eine Überprüfung der Handeinwirkung des Reiters. Wurde der Zügel falsch eingesetzt, um ein übermäßiges Temperament zu bändigen, sind ähnlich wie beim Zackeln die Gründe hierfür zu suchen und abzustellen. Außerdem empfehlen sich lange Schrittausritte, überwiegend am langen bis hingegebenen Zügel.

Übereilen

Übereilen ist ein beliebter Fehler bei Gangpferden, weil der Übergang vom Schritt zur Viertakt-Gangart auf Grund der gleichen Fußfolge fließend ist. Ohnehin ist der Schritt des Gangpferdes im Grundtempo meist deutlich höher als bei anderen Rassen. Zum Aus- und Wanderreiten ist dieser Schritt angenehm, für die gymnastische Ausbildung ist er jedoch ungeeignet, da er mit einem nach vorne verlagerten Schwerpunkt einhergeht.

Die Korrektur hängt hauptsächlich von der reiterlichen Aufmerksamkeit und dem konsequenten Willen, langsam reiten zu wollen, ab. In der Regel ist dieser Fehler auf diese Weise sehr leicht zu beheben.

IM TRAB

Lektionen

Hat man mit seinem Gangpferd die Möglichkeit sicher zu traben, so ist der Trab vom gymnastischen Wert dem Viertakt vorzuziehen. Das trabende Pferd zeigt seinem Reiter Verspannungen in der Rückenmuskulatur sehr deutlich auf, denn es wird unbequem zu sitzen. Der Trab bietet aber auch die besten Möglichkeiten diese Verspannungen wieder aufzulösen (siehe Kapitel „Grundgangarten Trab“).

Gymnastizierende Übungen sind relativ enge Biegungen, also Volten und Zirkel, Zirkel verkleinern und vergrößern. Die gesamte Längsachse

Der Trab ist vom gymnastischen Wert dem Viertakt vorzuziehen. Paso Fino Alegre Melodia, Kaja Stührenberg. Foto: T. Ruthof

des Pferdes passt sich der Rundung des gerittenen Kreises an, was eine vermehrte Dehnung der jeweils äußeren Muskelgruppen zur Folge hat. Man muss sich immer an die derzeitige Grenze des Möglichen herantasten. Bleibt man zu weit davon entfernt, setzt keine Entwicklun ein. Verlangt man zu viel, also eine zu enge Biegung, entzieht sich das Pferd und wird beginnen zu driften. Es ist daher gerade bei Volten darauf zu achten, dass das Pferd mit dem inneren Hinterbein auf der Spurlinie des Vorderbeines und möglichst nahe an das Siegel des Vorderhufs tritt.

Sind die Seitengänge im Schritt für das Pferd kein Problem mehr, so kann mit einem trabsicheren Pferd damit auch in dieser Gangart begonnen werden.

Wer sich entschieden hat, sein Gangpferd nicht unter dem Reiter traben zu lassen, kann an der Longe einen wertvollen Beitrag zu seiner Gymnastizierung leisten. Voraussetzung hierfür sind die korrekte Stellung und Biegung an

Mit einem trabsicheren Pferd können auch Seitengänge im Trab erarbeitet werden. Stefan Vierhaus in der Trabtraversale mit einem Töltenden Traber. Foto: L. Lenz

der Longe. Es bieten sich ähnliche Lektionen wie beim gerittenen Pferd an, zum Beispiel Zirkel verkleinern und vergrößern, abwechselnd Zirkel, ganze Bahn und Volten, Tempowechsel und Übergänge. Auch die Cavalettiarbeit im Trab kann einen wertvollen Beitrag zum Muskelaufbau leisten.

TAKTFEHLER

Im Trab können verschiedene Taktfehler auftreten, wie Eilen, Schleppen oder ungleiches Treten und Zügellahmheit. Definition, Ursache und Korrektur unterscheiden sich beim Gangpferd im Wesentlichen nicht vom Dreigänger und können an anderer Stelle nachgelesen werden.

Ein weiterer Taktfehler, der auftreten kann, ist die Galopprolle. Dabei greift das Pferd mit einem Bein weiter vor als mit den anderen, so als wollte es jeden Moment angaloppieren. Ursache und Korrektur sind vergleichbar denen der Galopprolle im Viertakt (siehe Kapitel „Taktfehler im Viertakt“) Zusätzlich kann jedoch beim Traben auch das Leichttraben Auslöser der Galopprolle sein.

Klarer Viertakt auf der Weide: Dieses Pferd wird auch unter dem Sattel problemlos seinen Gang finden. Junge Mangalarga Marchador Stute Aleixa in der Marcha Picada. Foto: S. Stuewer

IM VIERTAKT

„Eintölten"

Die Veranlagung zu einer Viertakt-Gangart ist unterschiedlich stark ausgeprägt (siehe Kapitel „Genetik"). Während das eine Pferd auf der Weide taktklar töltet, foxtrottet oder walkt, zeigt das andere Trab oder Pass und findet erst unter dem Reiter zum rassetypischen Gang.

Es liegt am einfühlsamen Ausbilder, die Veranlagung zu erkennen und im individuell richtigen Maße zu fördern. Diese Förderung wird gemeinhin als „Eintölten" bezeichnet. Wir setzen den Begriff in Anführungszeichen, um ihn als nicht ganz zutreffend zu kennzeichnen: er wird zu häufig mit groben, manipulativen Maßnahmen gleichgesetzt, obwohl er tatsächlich nur das Erlernen einer neuen Spannungs- und Balancesituation beinhaltet. Zugegebenermaßen muss das Pferd einen sehr komplexen, neuen Bewegungsablauf erlernen. Leicht vorstellbar, dass hierbei Zeit für das Pferd eine entscheidende Rolle spielt.

Hat man ein dreigängiges Pferd, das frei laufend wenig bis keine Gangveranlagung zeigt, dann ist es sinnvoll, es erstmal im Trab auszubilden, bis es ein Grundverständnis für das Reiten an sich gewonnen hat. Der richtige Zeitpunkt für die Ausbildung im Viertakt ist gekommen, wenn das Pferd die Hilfen akzeptiert und eine gewisse Arbeitsdisziplin, Konzentrationsfähigkeit und Kondition hat. Die erlernten Lektionen sollten nicht über ein Schulterherein hinausgehen. Ist ein Pferd schon weiter gefördert, bietet es zuviele andere Lektionen an, die der Ausbilder ihm immer wieder verbieten muss. Das Pferd wird verwirrt und im schlechtesten Falle frustriert.

Bietet ein Pferd von Natur aus eine (oder auch mehrere) Viertakt-Varianten an, so treibt man zum Trainingsbeginn dieser Gangart das Pferd aus dem Schritt heraus an und schaut, was passiert. Das Pferd wird in seiner bevorzugten Viertakt-Variante antreten. Selten wird es sie gleich von Anfang an konstant durchhalten. Häufig wird es in Kurven aus dem Takt kommen, zum Beispiel vom Trabtölt in den Tölt wechseln. Oder es bekommt eine Galopprolle. Oder es fällt vom Tölt in Pass oder Trab. Hat man lokalisiert, wozu ein Pferd tendiert, kann man vorsichtig daran gehen, an der Stabilität des Taktes zu arbeiten, den Taktfehlern also vorzubeugen. Wie man dabei im Einzelnen vorgeht, steht im Kapitel „Taktfehler“. Ganz wichtig hierbei ist es, das individuell passende Tempo für ein Pferd herauszufinden. Meist gibt es ein Tempo, in dem es ihm am leichtesten fällt, den Takt zu halten.

Fallbeispiel: Ein junger Island-Wallach sollte das Tölten erlernen. Trieb man ihn aus dem Schritt etwas an, fiel er in den Pass. Trieb man etwas mehr, kam er zum taktklaren Tölt. Ging man jedoch mit den treibenden Hilfen noch darüber hinaus, fiel er in den Trab. Man musste also genau das Tempo finden, in dem man den Tölt am leichtesten erhalten konnte.

Es gibt nicht die Hilfe zum Antölten und nicht die Hilfe zum „Eintölten“. Es ist das zugrundeliegende Prinzip, dass man sich klar machen muss: jede Gangart hat eine für sie typische Körperspannung (siehe Kapitel „Spannung“), Balancesituation und Bewegungsfrequenz. Das muss bei jedem Pferd individuell erkannt und erfühlt werden und dann abrufbar als zur Gangart gehörig gemacht werden. Für den Tölt und seine Varianten gilt, dass sie mit einer erhöhten Körperspannung, vermehrter Aufrichtung und einer schnelleren Bewegungsfrequenz verbunden sind.

Diese drei Punkte muss der Reiter bei seinem Pferd „erreiten“, um einen Viertakt zu realisieren.

Wird die Phase des „Eintöltens“ nicht von viel Zeit, Lob und psychischen Erholungsphasen begleitet, entwickeln sich leicht Haltungsfehler und Ängstlichkeiten des Pferdes vor der neuen Gangart. Diese Probleme sind schwer zu korrigieren, da bei einem solchen Pferd der Tölt mit falschen Nervenverknüpfungen im zentralen Nervensystem abgespeichert wurde.

Zum Verständnis für die neue Gangart kann es sinnvoll sein, einige Tage nur Schritt und die Viertakt-Variante zu reiten. Als Ausgleich kann man zum Beispiel im Trab longieren. Hat das Pferd die Grundbegriffe der neuen Gangart verstanden, ist es jedoch sinnvoll, auch wieder im Trab zu arbeiten. Zuviele Pferde bauen beim Erlernen der neuen Gangart Verkrampfungen auf, die man in einer bekannten Gangart besser wieder auflösen kann. Das Pferd kann vorerst nicht locker gehalten werden in dem neuen Bewegungsmuster. Das muss in bekannten Gangarten stattfinden. Insofern ist es wichtig, zum

Der Tölt und seine Varianten sind verbunden mit einer erhöhten Körperspannung, vermehrter Aufrichtung und einer schnelleren Bewegungsfrequenz. Paso Fino Bochica de Arrebol mit Ute Steinbeis. Foto: U. Steinbeis

Beispiel Trab neben dem „Eintölten“ weiter zu reiten. Um den Unterschied für das Pferd leichter erkennbar zu machen, sollte man Trab und Töltphasen voneinander trennen, beispielsweise durch verschiedene Ausrüstung, verschiedene Orte, wo geritten wird, oder einfach durch eine deutliche Schrittpause in der Arbeit, bevor die andere Gangart geritten wird.

Fallbeispiel: Eine Mangalarga Marchador Stute zeigte bis zu ihrem sechsten Lebensjahr nur Trab, aber keine Marcha. Zum Erlernen der Marcha wurde sie mit kolumbianischem Bosal im Gelände auf einem festen Sandweg geritten, in der gleichen Übungseinheit wurde sie danach mit Trense in der Halle im Trab geritten.

Im Zuge der fortschreitenden Sicherheit in der neuen Gangart sollte der Reiter darauf achten, dass das Pferd in Energie und Tempo nicht mehr schwankt. Man muss sich vorstellen, das Pferd im Viertakt „anzuschalten“ und dann läuft es wie eine Uhr im Takt.

Das „Eintölten“ erfordert einen im Viertakt erfahrenen Reiter. Er braucht ein sicheres Gefühl für den richtigen Viertakt und besonders in der Anfangszeit des „Eintöltens“ eine schnelle Reaktion in der Hilfengebung, da die Pferde meist schnell die Spannung wechseln und oft von zu diagonaler Bewegung in zu laterale Bewegungen „überschießen“. Generell ist beim Reiter eine eher hohe Grundspannung notwendig: Der Reiter hält seine Lendengegend stabil. Dadurch begrenzt er die Schrittlänge, damit das Pferd für die Viertakt-Gangart nicht zu weit ausschreitet und auf das Treiben mit Antraben reagiert. Außerdem hält er damit das Pferd im Viertakt in gleichmäßiger Spannung. Die Hand- und Zügelhilfen sollten von Anfang an äußerst sparsam verwendet werden, um keinen „Hohlrückentölter“ zu produzieren.

Je nach Gangveranlagung des Pferdes sieht das „Eintölten“ etwas anders aus:

Das Pferd trabt und soll tölten lernen

Der Reiter muss mit seinen Hilfen erreichen, dass das Pferd seine Schrittfrequenz verkürzt und dass es sich zumindest graduell vorne mehr aufrichtet. Dazu fängt man aus dem Schritt heraus die Schrittlänge mehr und mehr ein und erhöht dann vorsichtig das Tempo. Man muss sich vorstellen, den „Schritt klein zu machen“, indem man „zwei Teile treibt und davon einen Teil vorne wieder abfängt“, das heißt einen Teil der Kraft für die Aufrichtung verwendet. Dadurch erwirkt man einige Töltschritte oder zumindest einen Töltansatz. Wichtig ist es, dann sofort durchzuparieren und das Pferd zu loben (Schritt am langen Zügel, Stimme oder Leckerli). So hat es die Chance zu verstehen, was man will, es kann psychisch Luft holen, und man stellt sicher, dass es nicht in einer gespannten Haltung bleibt. Dies wird so lange wiederholt, bis die anfangs sehr kleinen Töltreprisen (vielleicht nur zwei Meter oder weniger) länger werden. Erst wenn das langsame Tempo vom Pferd gut gehalten werden kann, darf man versuchen, das Tempo zu erhöhen.

Es ist auch möglich aus dem höheren Tempo Trab in den Viertakt zu kommen. Da aber alles viel schneller gehen muss und das Pferd über die Hand deutlich abgebremst wird, ist diese Variante mit einem höheren Risiko verbunden, Maulfehler und einen Viertakt ohne Rücken zu produzieren.

Das Pferd trabt und soll Pasi Trote, Marcha Batida, Fox Trot oder Trocha erlernen

Der Ausbilder muss das Pferd über einen längeren Zeitraum im Trab sehr langsam und so entspannt wie möglich reiten. Er muss in der Dynamik des Trabes unter der Schwebephase bleiben. Wenn das Pferd dies gelernt hat, verschiebt es sich günstigstenfalls von alleine zum gebrochenen Trab. Wenn nicht, kann es nötig sein, die Bewegungsfrequenz durch treibende und abfangende Hilfen etwas zu erhöhen (siehe oben), um den gewünschten Viertakt zu erreichen.

Die Show-Gangart Trocha ist auf Grund der hohen Grundspannung der Trochadores nicht in diesem Sinne zu erarbeiten. Das Pferd muss lernen, in sich nachgiebiger, runder zu werden und vor allem im Becken abzukippen, um zum gebrochenen Trab zu kommen. Empfehlenswert sind Biegungen oder auch leichtes Übertreten auf der Biegung und die Förderung der Beweglichkeit des Beckens durch häufiges, ruhiges Rückwärtsrichten.

Das Pferd geht Pass und soll einen Viertakt erlernen

Generell liegt dem zu lateralen Gang eine mangelnde Beweglichkeit zu Grunde und eine Blockade des Energieflusses oder ein genereller Energiemangel. Je nach Ursache wird das „Eintölten" entweder durch aufmunternde Übungen, wie zum Beispiel einen zügigen Galopp, einen guten Begleittölter, einen ebenen, eventuell leicht abfallenden Weg unterstützt. Oder der Viertakt wird über viel Biegearbeit und Übertreten im besonders langsamen Tempo erarbeitet. Dieser Weg ist häufig der richtige bei Peruanischen Pasos. Das Pferd muss lernen, flexiber, lockerer zu werden, um die Bewegungsfrequenz im Vergleich zur rein lateralen Bewegung zu erhöhen (siehe auch Kapitel „Taktfehler im Viertakt").

Das Pferd geht Schritt oder Trab und soll Walk erlernen

Pferde, die die entsprechenden genetischen und körperlichen Voraussetzungen für den Walk haben, werden aus dem Schritt heraus vorsichtig angetrieben. Der Reiter steigert das Tempo so weit wie möglich und verhindert durch Stimme, Sitz und Zügel, dass das Pferd dabei antrabt, in den Pass fällt oder sich verkürzt und antöltet.

Es ist wichtig, keinesfalls Spannung zum Beispiel durch ein festgestelltes Becken aufzubauen. Ein gewisser Zügelkontakt ist aber notwendig, um das Pferd in einem für den Walk passenden Rahmen zu halten. Das Pferd darf in der Haltung eher etwas lang bleiben. Spürt man, dass sich die Schritte des Pferdes verlängern und das rhythmische Kopfnicken einsetzt, hält man eine gleichmäßig weiche Zügelverbindung (der Zügel darf trotz Headshake nicht springen) und unterstützt den Takt durch rhythmisches Treiben.

Zum Beginn der Walk-Ausbildung wird vorsichtig das Schritt-Tempo gesteigert. Missouri Fox Trotter Baloo mit Kaja Stührenberg. Foto: T. Ruthof

Lektionen: weich ist nicht gleich locker

Die Gefahr, einen schlecht gearbeiteten Rücken zu übersehen, der nicht genug trägt und mitarbeitet, ist in einer Viertakt-Gangart leider relativ groß. Denn der Sitzkomfort bleibt häufig trotzdem erhalten. Der Reiter eines Gangpfer-

Der Reiter trägt die Verantwortung, sein Pferd auch im Viertakt rittig zu halten. Paso Peruano SRV Antar mit Andrea Jänisch im Paso Llano. Foto: L. Lenz

des muss genauer auf die Anzeichen – Spannung, Taktfehler, Rücken wegdrücken, mangelnde Durchlässigkeit, keine Dehnungshaltung und Entspannung ist möglich – dafür achten, dass sein Pferd im Rücken überfordert ist. Bei einem Trab gehenden Pferd, das im Rücken nicht schwingt, also nicht gut gymnastiziert ist, merkt der Reiter in der Regel, dass es unbequem ist. Das ist beim Gangpferd in dieser Form nicht zu merken. Diese Tatsache bringt den Reiter in die Verantwortung sein Pferd in der Viertakt-Gangart rittig zu halten, auch wenn von Seiten der Bequemlichkeit nicht die gleiche Dringlichkeit wie im Trab besteht.

Unterschiede bei der Gymnastizierung im Trab oder Viertakt

Gymnastizierung ist in unserem Denken immer noch relativ fest im Dreigängerbereich verhaftet. Leicht hat man ein trabendes Pferd vor Augen, das auf dem Zirkel seine Runden zieht. Beim Gangpferd muss man sich von diesem Denken etwas lösen, denn nicht selten hat man Pferde, die im Trab so wenig stabil sind, dass man in dieser Gangart gymnastisch gar nicht an sie herankommt. Also muss man Mittel und Wege ersinnen, das Pferd in seinem bevorzugten Gang zu gymnastizieren. Das macht die Sache nicht unbedingt einfacher, weil das Pferd im Viertakt sehr viel schwieriger formbar ist als im Trab. Drei wesentliche Unterschiede zwischen Viertakt und Trab sind bei der Gymnastizierung zu berücksichtigen:

1. Der Tölt und seine Varianten sind Gangarten, die in ihren Bewegungsmustern sehr viel Individualität haben: der Viertakt kann sich in unterschiedlichste Richtungen verschieben, abhängig von Stützphasen, Tempi und Ausbildungsstand (siehe Kapitel „Viertakt"). Diese Optionen hat der Trab mit seinen rein diagonalen Stützphasen nicht. Das Gangpferd reagiert im Viertakt sehr deutlich auf Spannungsveränderungen. Es kann sich dem gewünschten Takt in vielerlei Hinsicht entziehen. Der Dreigänger hat im Vergleich dazu weniger Möglichkeiten auf zum Beispiel zu viel Druck zu reagieren. Er kann zwar genau wie das Gangpferd mit Tempo- und Haltungsverlust reagieren, er kann auch den Takt verändern und übereilen, aber nicht in der Variationsbreite wie ein Gangpferd. Das zwingt den Reiter von Gangpferden, ein sehr differenziertes Gefühl für Spannungsveränderungen im Pferd zu entwickeln.

Deshalb kommt es bei der Hilfengebung im Viertakt zu einem großen Teil darauf an, wie man die Anforderungen stellt – denn entsprechend bekommt man die Antwort. Also stellt man dem Gangpferd die Frage meistens nicht im Sinne von „Du musst", sondern eher im Sinne von „Versuch's doch mal so". Stellt man dem Pferd im Viertakt eine Frage mit zu viel Druck, zum Beispiel zu fordernde Hilfen, zu viel Körperspannung, zu starkes Treiben, angespannte Lende, wird es sehr viel schneller mit Verspannung reagieren als ein nur trabendes Pferd. Denn durch die laterale Stützphase im Viertakt kann es sich im Rücken viel schneller fest machen. Trabende Pferde reagieren auf ein „Du musst!" seltener mit einem starren Rücken. Sie spulen sich auf, reagieren vielleicht mit Stechtrab, passage-ähnlichen Tritten oder steifem Gang. Wenn ein nur trabendes Pferd zu viel Druck bekommt, dann kann es sich einen Moment lang verkrampfen, der Reiter reduziert seine Körperspannung und seinen Körpereinsatz, er lässt los und das Pferd läuft vielleicht besser. Beim Gangpferd ist ein „Muss" meistens von größerer Tragweite in der Verspannung und führt zum Verlust des Taktes. Ist es in der Lendenmuskulatur sowieso schon fest, hat also Lateralspannung, wird es durch zu viel Druck nur noch gespannter und in Takt und Ausdruck schlechter. Deshalb ist es sinnvoller einen kleinen Umweg über vorsichtiger formulierte Aufträge und Hilfen zu gehen (siehe Kapitel „Gymnastizierung oder Dressur?").

2. Der Tölt und seine Varianten haben eine höhere Bewegungsfrequenz als die Grundgangarten, sie ist etwa doppelt so hoch wie im Trab. Auch Schritt, Trab und Galopp unterscheiden sich zwar in Takt und Haltung voneinander, aber ihre Bewegungsfrequenz ist einander ähnlicher. Mit der erhöhten Frequenz im Viertakt geht auch eine lebhaftere emotionale Einstellung einher. Ruhiges, gymnastisches Training

ist häufig zu langsam für den eher quirligen Tölt und seine Varianten.

3. Im Tölt und seinen Varianten wird das Becken des Reiters in einer Art umgekehrter Achterrotation bewegt: Es geht immer eine Seite vor und zurück und dann die andere Seite. Auch da ist die Struktur im Trab sehr viel einfacher: Der Reiter „landet“ immer wieder auf einem Punkt im Sattel. Diese einfachere Struktur macht es möglich, ein trabendes Pferd von der Körperspannung des Reiters her mehr zu beeinflussen und sehr viel präziser auf den Punkt zu reiten. Den Tölt und seine Varianten kann man mit der Körperspannung nicht so stark bestimmen. Von seinem körperlichen Einsatz her muss der Reiter eher die Idee haben, den Viertakt unter sich fließen zu lassen. Er muss passiv abwarten können, ob und welche Hilfen er geben kann.

Wie und ob man Trab- und Töltphasen in der Ausbildung des Pferdes mischt, hängt individuell vom Pferd ab. Grundsätzlich arbeiten die Grundgangarten dem Tölt zu. Was man dort an Rittigkeit erarbeitet hat, kommt einem im Viertakt zugute. Es kann aber auch umgekehrt sein.

Fallbeispiel: Ein etwas schwergängiges, ungelenkes Pferd, mit großer Übersetzung in allen drei bereits weit ausgebildeten Grundgangarten, profitierte durch die Töltausbildung in seiner gesamten Beweglichkeit. Die zwar sehr ausdrucksvollen, jedoch schwerfälligen Gänge und die grundlegende mangelnde Leichtigkeit verbesserten sich deutlich, da das Pferd lernen musste, recht quirlig in für ihn sehr hoher Frequenz zu gehen.

Häufig bietet sich Blockarbeit mit einem bestimmten Schwerpunkt an, den man dann bei Bedarf wechseln muss.

Fallbeispiel: Ein Pferd soll sich im Arbeitstempo Tölt verbessern und wird sehr viel in diesem Tempo geritten. Nach einigen Tagen merkt man hin und wieder, dass das Pferd versucht über dem Zügel zu gehen. Also wird man einige Tage Trabarbeit einbauen, um die Funktionalität des Rückens sicherzustellen. Will man andererseits eine für das Gangpferd schwierige Lektion im Trab erlernen, zum Beispiel Schulterherein, dann sollte man das Pferd für eine Weile nicht im Tölt reiten.

Manche Pferde können auch innerhalb einer Arbeitseinheit von Viertakt zu Trab umdenken. Diese Pferde sind sowohl im Geist als auch im Körper schon recht flexibel. Mit ihnen kann man parallel an der Fortbildung beider Gangarten arbeiten.

Biegungen im Viertakt

Gymnastizierung geschieht auch im Viertakt in erster Linie durch das vermehrte Reiten von Biegungen und Seitengängen. In den Biegungen muss das Pferd lernen, die Galopprolle auszugleichen, die gerade in engen Biegungen leicht entsteht. Man muss sich in Erinnerung rufen, dass die Viertakt-Gangarten eine rechte und eine linke laterale Zweibeinstütze haben und daher in der Biegung der Weg der äußeren Lateralen um die Breite des Pferdes weiter ist. Es entsteht damit eine „Unwucht“, die es zu kompensieren gilt.

Das Pferd kann jedoch lernen, sich mit der taktreinen Fußfolge an die geänderte Anforderung der Biegung anzupassen. Dazu übt man konsequent kleiner werdende Biegungen, immer bis an die Grenze zur Galopprolle. Ganz wichtig ist in diesem Zusammenhang die Schulterkontrolle (siehe Kapitel „Einwirkung“). Wenn man schon im Ansatz der Rolle die Schulter differenziert versetzen kann (zum Beispiel nach links, wenn das Pferd rechts rollt), ist sie häufig zu vermeiden. Für viele Pferde ist es hilfreich,

Das Pferd kann lernen, sich mit der taktreinen Fußfolge einer Biegung anzupassen. Paso Fino Alegre Melodia mit Kaja Stührenberg. Foto: T. Ruthof

Biegung im Trab und im Viertakt: Im Trab (a) gibt es nur diagonale Stützphasen. Die Wege der Stützphasen sind gleich lang. Im Viertakt (b) hat das Pferd unter anderem eine rechte und eine linke laterale Zweibeinstütze. Der Weg der äußeren (hier linken) Laterale ist um die Breite des Pferdes länger als der Weg der inneren. Dadurch entsteht eine „Unwucht“: Das Pferd reagiert häufig mit einer Galopprolle innen. Es muss erst lernen, sich im Viertakt der Biegung anzupassen.

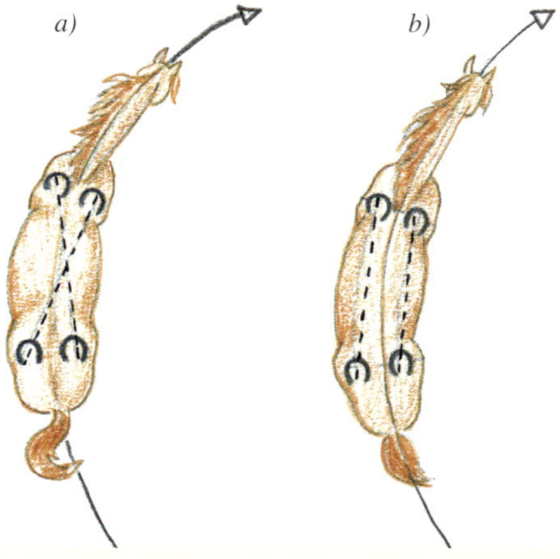

wenn man zusätzlich auf dem äußeren Gesäßknochen oder zumindest mittig sitzt, anstatt in der Biegung innen zu sitzen.

Eine Alternative wäre es, das Pferd im Viertakt durch die Biegungen „driften“ zu lassen, das heißt dem Pferd wird erlaubt, gerader zu bleiben und mit der Hinterhand auszuschwenken. und auf diese Weise den gleichmäßigen Viertakt zu erhalten. Die gymnastizierende Biegearbeit müsste dann in den anderen Gangarten geritten werden. Das „Driften“ um die Kurven wird häufig im schnellen Tölt auf der Ovalbahn praktiziert.

Das Reiten mit Stellung auf gerader Linie im Viertakt fördert einen gleichmäßigen, lockeren Takt. Paso Fino Bochica de Arrebol mit Andrea Jänisch. Foto: L. Lenz

Stellung im Viertakt

Für die Entwicklung eines gleichmäßigen, lockeren Taktes ist es sehr förderlich im ruhigen Viertakt mit Stellung zu reiten. Es ist ein Korrektiv gegen Spannungen aller Art, vor allem gegen Passverschiebungen und gegen die Galopprolle. Es muss unbedingt gewährleistet sein, dass das Pferd dabei nicht mit der Hinterhand zur Seite ausweicht, zum Beispiel nach rechts, wenn es nach links gestellt ist. Daher beginnt man diese Übung mit einer Begrenzung durch Zaun oder Bande auf der Außenseite, bis der äußere Schenkel als Begrenzung gut akzeptiert wird. Es kann hilfreich sein, das Gewicht etwas mehr auf den äußeren Gesäßknochen zu verlagern, respektive den äußeren Steigbügel etwas mehr auszutreten. Sobald der verwahrende, äußere Schenkel vom Pferd verstanden wird, findet das Stellungsreiten überall, auch im Gelände, seine Anwendung, um Leichtigkeit im Genick jederzeit zu gewährleisten. In dem Moment, in dem das Pferd Stellung annehmen kann, kommt der Zügelkontakt am Hals dazu (siehe Kapitel „Einwirkung"), um die Schultern des Pferdes beliebig versetzen zu können. Damit ist die Schulterkontrolle des Pferdes erreicht, es ist in der Lage, sein Gleichgewicht gezielt aufzufangen und es dort zu platzieren, wo es gebraucht wird.

Übertreten auf dem Zirkel

Das Übertreten im Tölt gehört zu den traditionellen peruanischen Ausbildungsmethoden, um bei zu lateral veranlagten Pferden klaren Viertakt zu erreichen. Es ist ein sehr sinnvolles Mittel, um Lateralspannungen im Viertakt, also Passtendenzen, aufzulösen. Dazu sollte das Pferd wenig Abstellung zur Zirkellinie haben und deutlich gebogen sein.

Auf der Ovalbahn oder im Gelände kann man das Pferd vom Innenrand zum Außenrand des Weges übertreten lassen und so die günstige Wirkung auf den Takt ausnutzen.

Seitengänge

Alle Seitengänge können auch in einer Viertakt-Gangart geritten werden. Gerade bei Pferden, die nicht oder sehr unsicher traben, sollte man diese Möglichkeit nutzen. Durch die Viertaktfußfolge sind sie für das Pferd aber tendenziell schwieriger auszuführen als im Trab. Ein Schulterherein im Viertakt dient, wie auch in den Grundgangarten, der Erhöhung der Geschmeidigkeit. Das Pferd schließt sich mehr, wird im Gang akzentuierter und leichter in der Hand. Schulterherein im Schritt ist sowohl eine gute Vorbereitung auf das Antölten sehr diagonal veranlagter Pferde als auch eine vorbeugende Maßnahme gegen Lateralverschiebungen, denn ein korrekt gebogenes Pferd kann keinen Pass gehen.

Der gymnastische Wert eines Trab-Seitenganges ist höher einzuschätzen als der Wert eines Seitenganges im Tölt, denn durch die diagonal gleichzeitig vorschwingenden Beine im Trab wird das Pferd mehr geschlossen als im Tölt. Hat man die Alternative zwischen Seitengängen im Trab und im Tölt, so ist daher aus gymnastischen Überlegungen der Trab dem Tölt vorzuziehen. Häufig ist es jedoch so, dass Gangpferde gar nicht genug Trabanlage haben, und dann ist es besser, die Seitengänge im Viertakt auszuführen als gar nicht.

Die Seitengänge in einer Viertakt-Gangart entsprechen in ihrer Ausführung und Hilfengebung dem Bekannten. Für den Betrachter unterscheiden sie sich allerdings deutlich von den Seitengängen im Trab. Die Eleganz, die im Trab durch das zeitgleiche Kreuzen von Vorder- und Hinterbein entsteht, geht im Tölt und seinen Varianten etwas verloren. Für jemanden, der sein Auge an Seitengänge im Trab gewöhnt hat, mögen die Seitengänge im Tölt ein wenig wie das Seitwärts-Laufen einer Krabbe erscheinen.

Interessant ist, dass eine Tölt-Veranlagung bei Nicht-Gangpferderassen oft gerade in Traversalverschiebungen zutage tritt. Die so veranlagten Pferde lösen den Trab häufig spontan zum Viertakt hin auf.

Mit einem fortgeschrittenen Pferd sind auch Traversalen im Tölt möglich. Paso Peruano Mariscal mit Andrea Jänisch.

Das Überkreuzen der Beine in einer Traversale im Trab ist einfacher und sieht eleganter aus. Töltiberer (Lusitano) He-Xeno mit Andrea Jänisch. Fotos: C. Slawik

Voraussetzung für das Reiten von Tempounterschieden ist die Taktsicherheit des Pferdes in seinem individuellen Grundtempo. Friesen-Paso-Kreuzung Fripa mit Kurt Pfannkuche bei einer Tempoverstärkung. Foto: L. Lenz

Das Reiten von Tempounterschieden

Neben Biegungen ist das Reiten von Tempounterschieden der Gymnastizierung im Viertakt dienlich. Durch das Zulegen und Zurücknehmen wird das Pferd in seiner Längsachse elastisch (länger und kürzer), der Rücken wird freier.

Dies ist erst mit einem fortgeschrittenen Pferd möglich. Tempounterschiede werden vom Ideal- beziehungsweise Lieblingstempo des Pferdes ausgehend geritten. Voraussetzung ist, dass in diesem Tempo Taktsicherheit gegeben ist. Anfangs sollte das Tempo ohne Rasanz, also ganz langsam und fließend gesteigert werden. Damit bleibt gewährleistet, dass das Tempo wieder harmonisch eingefangen werden kann. Nur so lässt sich die gewünschte Längselastizität erarbeiten. Mit der Zeit können Tempo und Streckenlänge gesteigert werden. Vor allem bei zunehmendem Tempo ist es sehr nützlich, das Pferd über eine leichte (Innen-) Stellung ins ruhige Tempo zurückzunehmen. Damit wird vermieden, dass das Pferd in der Hand schwer und der Übergang unharmonisch wird.

Um das Grundtempo in ein versammelteres Tempo umzuformen, bietet es sich an, die Prioritäten in den Tempounterschieden zu verändern. Das Zulegen im Tempo wird nicht mehr als Selbstzweck genutzt, sondern es wird nur eine kurze Strecke das Tempo erhöht, um damit genügend Energie für das langsame, versammelte Tempo zu erhalten. Die Strecke im verkürzten Tempo wird so lange ausgedehnt, wie die Kraft des Pferdes für das akzentuiertere, versammeltere Tempo reicht. Zeigt es durch Takt- oder Rhythmusverlust seine Grenze auf, sollte wieder zugelegt oder das Pferd ins Grundtempo entlassen werden, damit es nicht zu Verspannungen kommt.

Das Grundtempo der einzelnen Gangpferde (auch innerhalb einer Rasse) ist sehr unterschiedlich. Das erfordert ein individuelles Eingehen auf das jeweilige Pferd. Viele Reiter sind hier nicht flexibel genug; was bei einem Pferd passt, ist bei dem nächsten vielleicht entschieden zu schnell. Die Individualität der verschiedenen Bewegungsmuster in den Viertaktgangarten macht es schwierig, Gangpferde in ihrer Grundausbildung auf ein bestimmtes Tempo einzugrenzen (siehe Kapitel „Eintölten“). Dies ist vermutlich einer der Hauptgründe gewesen, warum Tölter aus der militärischen Reiterei ausgeschieden sind. Ein trabendes Pferd kann sehr viel einfacher und schneller dazu gebracht werden, sich in angepasstem Tempo in einer Gruppe zu bewegen. Das Gangpferd braucht viel mehr Ausbildung, um im Tempo so bestimmbar zu sein, dass es sich in eine Gruppe gut integriert. Um einen sicheren, tempovariablen Viertakt zu erhalten, muss der Reiter dem Pferd sehr viel Zeit und Raum geben und darf es nicht in enge Strukturen pressen.

Übergänge

Bei stark trabveranlagten Pferden, die zum Austraben oder generell zum Auseinanderfallen neigen, sind Schritt-Viertakt-Übergänge oft ein „Wundermittel“. Dabei dürfen die Strecken im Viertakt nur sehr kurz sein und das Tempo muss sehr langsam bleiben. Man muss sich die Übergänge wie sehr flache, kurze Wellen vorstellen. Das Pferd muss gut aufpassen, es lernt sich zu konzentrieren und sein Gleichgewicht von Welle zu Welle fließend zu variieren. Bei sehr lateral veranlagten Pferden sind Schritt-Viertakt-Übergänge oft kontraproduktiv, weil sie zu oft den gerade gefundenen Rhythmus im Viertakt unterbrechen und die notwendige „Vorwärts-Energie“ rauben.

Übergänge zwischen Viertakt und Halt dienen der Korrektur des Viertaktes. Sie verhindern das Auseinanderfallen, Takt- und Konzentrationsverlust. Der Reiter unterbricht den Viertakt, stellt in der Haltparade die Konzentration wieder her und töltet erneut und besser wieder an. Im Gegensatz zu Schritt-Viertakt-Übergängen sind Halt-Viertakt-Übergänge sehr wohl für passverschobene Pferde nützlich. Gerade sehr lethargische Lateralgänger profitieren von dieser Lektion, weil sie Aufmerksamkeit und Energie erfordert.

Übergänge in Verbindung mit Rückwärtsrichten haben einen recht hohen Stellenwert zur Gangverbesserung. Rückwärtsrichten wird wie Haltparaden oder in Verbindung mit denselben eingesetzt, um das Pferd mehr zu setzen und damit Takt- und Konzentration zu erhalten. Besonders bei trabigen Pferden, die auseinander fallen und fest in der Lende sind, kann das Rückwärtstreten in Verbindung mit dem Viertakt die Becken- und Lendenbeweglichkeit verbessern. Dafür muss ruhig, fleißig und mehr als drei Tritte rückwärtsgerichtet werden. Bei

Übergänge zwischen Viertakt und Halt verhindern Auseinanderfallen, Takt- und Konzentrationsverlust. Paso Peruano Mariscal mit Andrea Jänisch. Foto: C. Slawik

unkonzentrierten oder vorwärtsstürzenden Pferden kann es nützlich sein, gerade vor dem Antölten nur ein bis zwei Tritte rückwärts zu richten – sozusagen als Erinnerung.

Taktfehler

Wer die Viertakt-Gangarten in all ihren Varianten verstanden hat, wird mehr und mehr davon Abstand nehmen, bestimmte Verschiebungen als Taktfehler zu definieren oder sie gar zu diffamieren. Was vermeintlich ein Taktfehler ist, kennzeichnet manchmal eine durchaus positive Entwicklung. So kann es zum Beispiel sehr sinnvoll sein, einen Isländer über den „fehlerhaften“ Trabtölt locker zum erstrebten „richtigen“ Tölt zu fördern.

„Echte“ Taktfehler in diesem Sinne sind solche Gangverschiebungen, die asymmetrisch oder unrhythmisch ausgeführt werden, beziehungsweise Bewegungsmuster, die aus sich selbst heraus zu Verspannungen oder Rumpfversteifungen führen. Solche Taktverschiebungen können nicht zur Losgelassenheit führen und wirken damit verspannend und jeder gesunden Gymnastizierung entgegen.

Hierzu gehören die Galopprolle, der langsame Pass, das Tribulieren, das Austraben und das Nicht-Durchhalten eines Taktes („fünf Gänge auf zehn Metern“).

Trabtölt

Der Trabtölt kann nicht unbedingt als Taktfehler angesehen werden (siehe auch Kapitel „Viertakt-Gangarten“). Trotzdem gibt es Pferderassen oder auch Ausbildungssituationen, wo er nicht erwünscht ist. Deshalb wird er an dieser Stelle mit erwähnt. Eine Verschiebung des gleichmäßigen Viertaktes zur Diagonalen (also Richtung Trab) kann verschiedene Ursachen haben.

a) Das Pferd stellt die Hinterbeine zu weit nach hinten heraus („das Pferd macht hinten auf“), es kippt das Becken nicht ab, es tritt nicht unter. Die Unterseite des Pferdes bleibt zu lang, es verkürzt die Bauchmuskulatur nicht. Zur Abhilfe kann man entweder durch höheres Tempo die Aktivität der Hinterhand verstärken und ihr weiteres Vorschwingen bewirken. Das verbessert zwar den Takt, kann aber nicht sehr lange durchgehalten werden. Oder man kann bei gleich bleibendem Tempo das Becken des Pferdes zum vermehrten Abkippen bringen und das Pferd mehr versammeln. Der Reiter muss die Idee haben, „die Energie des Pferdes am Platz zu halten“. Das heißt, das Pferd wird durch verhaltende und treibende Hilfen dazu gebracht, mit der Hinterhand mehr unterzutreten ohne dabei schneller zu werden. Damit hält das Pferd seine Spannung, es fällt nicht auseinander und daher nicht in den Trab.

Als Vorarbeit sind Seitengänge im Schritt sinnvoll, um die Hinterhand besser ansprechen zu können, sowie ruhiges, längeres Rückwärtsrichten, um das Pferd mehr zu setzen.

Für Classic Fino Pferde kann das Herausstellen der Hinterbeine nach hinten von Vorteil sein, denn es hindert sie am Passgehen. Vor allem in Verbindung mit Hockaction gewährleistet diese Haltung den Viertakt bei Pferden mit sehr kurzer Vorhandbewegung. Würde ein solches Pferd sich deutlich versammeln, träte die Hinterhand zu nahe an die Vorhand heran und das Resultat wäre eine unerwünschte Verschiebung des Taktes zum Pass.

b) Das Pferd tritt mit der Vorhand zu weit heraus („das Pferd macht vorne auf“), es hat eine zu hohe, weite Vorhandaktion – es ist eventuell vorne zu schwer beschlagen – es ist in der Haltung zu hoch, die Hinterhand ist zu wenig aktiv, das heißt die Vorhandbewegung ist zu ausgeprägt im Verhältnis zur Hinterhandbewegung. Abhilfe schafft eine tiefere Einstellung des Pferdes bei lockerem Genick. Das Pferd darf auf keinen Fall seinen Unterhals den Hilfen entgegenstemmen.

Hier kommt ganz besonders das Reiten in Stellung als Korrektur in Frage, um immer wieder die Leichtigkeit im Genick zu fordern und zu einer entspannten Haltung zu finden. Mit schnelleren Tempi muss man so lange vorsichtig sein, bis das Pferd gelernt hat, über den Rücken zu gehen und die Hinterhand und Vorhand in mehr Harmonie zueinander gebracht werden können.

c) Das Pferd „macht vorne und hinten auf". Dies ist eine generelle Fehlhaltung des Pferdes: Es geht über dem Zügel, eventuell mit Unterhals, weggedrücktem Rücken und zu wenig untertretender Hinterhand. Die Korrektur ist aufwändig, da sie sehr komplexes Reiten erfordert. Der Reiter muss sich vorstellen, er muss die Unterseiten des Pferdes (Unterhalslinie und Bauch) verkürzen. Übertreten, eventuell auf dem Zirkel, und Schulterherein machen die Hinterhand lockerer und ansprechbar. In Verbindung mit ruhigem Rückwärtsrichten bringen diese Lektionen insbesondere das Becken zum Abkippen, sodass die Lendenwirbelsäule sich aufrichtet und die Bauchmuskulatur anfängt zu arbeiten. Das Reiten in Stellung gewährleistet, dass das Pferd im Genick locker bleibt und in der Haltung tiefer kommen kann.

Zu Beginn der Korrektur eines solchen Pferdes kann es sehr von Nutzen sein, vom Boden aus die „Bergziege" zu üben, um dem Pferd beizubringen, die Oberlinie zu dehnen, das Becken abzukippen und mehr Körpergefühl zu bekommen.

Fallbeispiel: Ein Gangpferd, das sehr erfolgreich Sporttöltprüfungen geht und über sehr viel hoch-weite Vorhandbewegung verfügt, hatte vor allem im Arbeitstempo eine schlechte Haltung (über dem Zügel) und Schwierigkeiten akzentuiert genug zu gehen. In sehr kurzer Zeit wurde durch die oben genannten Übungen das Pferd insgesamt viel runder und leicht im Genick bei sehr sicherem Takt. Es war in allen Tempi schön zu reiten. Der nächste Turnierstart endete jedoch mit starker Lateralspannung. Was war passiert? Das Pferd war nun viel lockerer als vorher und verkraftete die starke Spannung, die der Reiter aus Gewohnheit noch übermittelte und die durch den Turnierstress noch verstärkt wurde, nicht mehr. Vorher war die hohe Reiterspannung zum Kompensieren des „Aufklappens" (Hohlrücken) des Pferdes passend gewesen. Nun bewirkte sie ein so weites Untertreten, dass die Vorhand nicht mehr schnell genug „weg kam" und sich auf diese Weise eine Passverschiebung ergab.

Die Korrektur des unerwünschten Verschiebens zur Diagonalen wird erschwert durch ein unproportioniertes Gebäude (tiefer, schwerer Hals, Hirschhals, Unterhals, überbaut, gestörtes Gleichgewicht), einen falschen Beschlag (Vorhand zu schwer beschlagen oder Zehe zu lang), durch tiefen Boden, Bergaufreiten oder durch dauerhaft trabende Begleitpferde bei Ausritten.

Die äußeren Umstände können der Taktfindung dienlich sein: Hilfreich ist es, leicht bergab zu reiten, auf gleichmäßigem Boden zu reiten, das individuell richtige Tempo herauszufinden (meist eher langsam) und mit einem tempovariablen, taktklaren Begleitpferd zu reiten.

Galopprolle

Die so genannte Galopprolle tritt meist im Tölt und seinen Varianten auf. Sie kann aber auch im Rennpass und im Trab entstehen. Je nachdem ob das Pferd vorne oder hinten rollt, ist sie als ein kurzzeitiges, vermehrtes Anheben einer Schulter oder einer Beckenseite des Pferdes zu erfühlen. Der Reiter wird auf einer Seite mehr angehoben als auf der anderen. Das Pferd verschiebt dabei seine Bewegungen in Richtung Links- beziehungsweise Rechtsgalopp.

Vielfach geht die Galopprolle mit dem Reiten von Biegungen im Viertakt einher: Das Pferd muss erst lernen, die laterale Zweibeinstütze des Viertaktes zu kompensieren, denn das äußere Beinpaar hat im Viertakt in der Biegung einen um die Breite des Pferdes längeren Weg als das innere (siehe Kapitel „Gymnastizierung im Viertakt“).

Im Zusammenhang mit der Schulter kann die Rolle zwei Ursachen haben: Entweder das Pferd hat zu viel Schulterfreiheit, hoch-weite Bewegungen und tritt infolgedessen ungleichmäßig weit vorne heraus. Oder es rollt vorne, weil es auf die innere oder über die äußere Schulter fällt und sein Gleichgewicht verliert. Je nachdem, ob das Pferd nach vorne, nach oben oder zur Seite ausgreift, muss die Schulter im Rahmen der Schulterkontrolle wieder an ihren Platz gestellt werden.

Wenn die Galopprolle von hinten kommt, tritt ein Hinterbein weiter vor als das andere. Das kann in einer Verspannung von Rücken oder Lende begründet sein oder auch dadurch, dass das Pferd traversartig schief geht und die Hinterbeine dadurch ungleich weite Wege haben. Zur Korrektur muss der Reiter das weniger weit vorfußende Hinterbein (meist das äußere) mit dem Schenkel aktivieren beziehungsweise die Schiefe korrigieren.

Bei jungen Pferden kann die Galopprolle auch in Kraftlosigkeit begründet sein, zum Beispiel bei einem Pferd mit viel Naturtölt und noch wenig Kondition oder Muskulatur. Da in diesen Fällen meist noch kein sehr komplexes Verständnis für die Hilfen besteht, kann zur Festigung des Taktes vorübergehend nur auf der Hand Viertakt geritten werden, auf der die Seite der bevorzugten Rolle außen ist. Das heißt wenn das Pferd vorwiegend rechts rollt, sollte man links herum reiten. Dadurch bekommt die Seite der Galopprolle den größeren Radius, also den weiteren Weg, und korrigiert sich damit schon zum Teil selbst. Der Reiter kann mit seinen Hilfen sparsamer sein. Wenn die Rolle sehr stark ausgeprägt ist, bietet es sich an, auf dem Zirkel zu reiten. Dieser Kompromiss des Reitens auf einer Hand muss vor allem bei jungen Naturtöltern ohne Trab eingegangen werden, da man keine Alternativ-Gangart im mittleren Tempobereich zur Verfügung hat. Zusätzlich wird man viel Zeit mit Schritt-Training verbringen. Dies ist manchmal die einzige Möglichkeit mit solchen Pferden weiter zu kommen, bis man sich genug Muskelkraft erarbeitet hat: man kann entweder auf beiden Händen Viertakt reiten, oder aber es hat sich inzwischen genügend Kraft für den Trab entwickelt.

Die Galopprolle kann viele weitere Ursachen haben, zum Beispiel ungleichgewichtiges Laufen durch starke Schiefe bei Pferd oder Reiter, schiefer Sattel, ungleich lange Steigbügel, schief sitzender Reiter, ungleich einwirkender Reiter, Eisen verloren, statische Probleme des Pferdes, zum Beispiel durch schiefe, ungleich abgelaufene Hufe, falsche oder unterschiedliche Stellung, ungünstiges Gebäude (überbaut). Weitere Ursachen für die Galopprolle können sein: Überforderung im Tempo, unebener Weg, bergauf, zu starke Spannung durch zu starke Versammlung, zu wenig Spannung, Pferd ist auseinander gefallen. Auch pathologische Gründe können vorliegen, zum Beispiel eine Lahmheit oder ein Hüftschiefstand. Im Rennpass liegt die Rolle häufig am falschen Beschlag oder an der Ausrüstung (vorne zu schwer), unregulierbarem Temperament oder an zu wenig Streckung.

Neben der Behebung der genannten Ursachen ist die wichtigste Voraussetzung für die Korrektur der Rolle, dass der Reiter spürt, auf welcher Seite das Pferd rollt. Noch besser wäre es, er könnte auch die Ursache erspüren, nämlich von welchem Bein oder von welcher Schiefe die Rolle ausgeht. Unabhängig von der Ursache der Rolle muss der Reiter in jedem Falle „von der Rolle wegsitzen“, das heißt das Gewicht wird auf die Seite verlagert, auf der das Pferd nicht rollt. Dabei wird das Becken des Reiters etwas festgestellt. Das ist notwendig, um nicht mit lockerem Becken in die Rolle hineinzuschwingen und sie damit noch zu verstärken. Diese Sitzkorrektur ist unerlässlich, um die Rolle mit dem Becken abzufangen.

Bei sehr stark passveranlagten Pferden ist es oft am Anfang die einzige Möglichkeit über das gezielte Reiten einer Galopprolle die starke Steifheit, besonders in Schulter und Rücken, aufzulösen. Zumindest ist eine Galopprolle bei sehr passigen Pferden in der Korrektur sehr tolerant zu behandeln. Es wäre für ein Pferd mit solch starken Taktschwierigkeiten zu viel, gleich zwei Fehler – Pass und Rolle – auf einmal beheben zu wollen. In diesen Fällen ist die Rolle tatsächlich eher positiv zu beurteilen. Wenn das Pferd zum Beispiel links lockerer wird, wird es häufig beginnen, links zu rollen. Wenn man dies nur durch einen Handwechsel korrigiert, erhöht sich die Chance, die entstandene Lockerheit zu erhalten und zum Viertakt zu finden.

Pass-Verschiebungen

Neben der genetischen Gangveranlagung des Pferdes können die Ursachen für den Pass in einem ungünstigen Gebäude begründet sein, zum Beispiel vorderlastig, überbaut, sehr gerader Rücken, Karpfenrücken, um nur einige zu nennen. Ein schlecht sitzender, klemmender Sattel, grobes Reiten, besonders Handfehler, zu schwerer Boden, falscher Beschlag, zum Beispiel hinten zu schwer, oder Lahmheiten, insbesondere wenn entweder beide Vorder- oder beide Hinterbeine betroffen sind, können hinzukommen.

Aus der Kenntnis der Ursachen für den Pass lassen sich schon einige Korrekturmöglichkeiten ableiten. Falsch wäre es zu denken, dass man durch ausgiebige Trabarbeit den Viertakt fördern könne. Es ist zwar generell sinnvoll in den jeweiligen Grundgangarten des Pferdes vorbereitend zu arbeiten, aber den Viertakt bekommt man dadurch nicht geschenkt. Letztendlich erlernt das Pferd das Halten taktklarer Gänge nur, indem man sie reitet.

Zu einem sehr hohen Grad betrifft das Gehen von fehlerhaftem Pass die Spannungssituation im Pferd. Das zu lateral gehende Pferd kann Pass gehen, weil es zu wenig Spannung hat (spannungslos) oder weil es zu viel Spannung hat (verspannt). Ersteres hat meist eine zu tiefe Haltung, was auf eine schlechte Moral durch Phlegma, Resignation, mangelnde Fitness, Energielosigkeit, Faulheit oder ein schlechtes gesundheitliches Allgemeinempfinden hinweist (Schildkrötenpanzer, den Reiter abwettern). Letzteres zeigt seinen Stress oder seine Hysterie häufig durch eine zu hohe Haltung an. Es ist heiß, überdreht oder ängstlich und baut daraus Verspannung auf.

Die Korrektur setzt voraus, das Pferd erst einmal der richtigen Gruppe, spannungslos oder verspannt, zuzuordnen. Manche wechseln auch zwischen Über- und Unterspannung. Die Pferde dieser Gruppen unterscheiden sich mental sowie in den reiterlichen Techniken zur Auflösung der Lateralen. Die „Spannungslosen“ müssen fordernd geritten werden, mit eher schneller Lektionenfolge und gegebenenfalls einem dazwischengeschalteten, flotten Galopp. Sie können durch einen munteren, tempoangepassten „Begleittölter“ motiviert werden. Die

„Verspannten" brauchen lang angelegte Übungsfolgen, brauchen Zeit, den Takt zu finden. Man kann sie zum Beispiel länger auf einem sehr großen Zirkel reiten und dabei übertreten lassen.

Generell bieten sich zur Korrektur von Passverschiebungen alle Möglichkeiten und Lektionen an, die das Pferd dazu bringen, die Vorhand nach der gleichseitigen Hinterhand aufzusetzen. Dies kann durch gymnastische Arbeit erreicht werden. Alle Formen von Biegungen führen dazu, dass der Pass aufgelöst wird – vorausgesetzt, der Reiter achtet auf eine korrekte Längsbiegung seines Pferdes. Denn dann haben die äußeren Beinpaare einen um die Breite des Pferdes längeren Weg als die inneren Beinpaare und die Bewegung muss sich zum Viertakt, eventuell zur Galopprolle, hin auflösen. Das gleichzeitige Aufsetzen der lateralen Beinpaare verhindert aus statischen Gründen die Längsbiegung und damit den Viertakt. Die Laterale lebt sozusagen vom Geradebleiben des Pferdekörpers. Eine Längsbiegung erzeugt nicht nur einen ungleich langen Weg für die äußeren und inneren Beinpaare. Durch das in der Biegung mehr vortretende innere Hinterbein ändert sich auch das Verhältnis des Bewegungsablaufs des inneren, lateralen Beinpaares. Die Statik, die den Pass gewährleistet hat, kann dann nicht mehr aufrecht erhalten werden. Wird die Längsbiegung nicht eingehalten und das Pferd bleibt starr auf der gebogenen Linie, dann wird es mit der Hinterhand wie ein „Holzfuhrwerk" ausschwenken und daher im Pass bleiben können.

Ein bewährtes Mittel zur Auflösung der Passverschiebungen sind Seitengänge. Sie verbessern das Gleichgewicht (machen es für den Reiter „platzierbar") und die Beweglichkeit des Pferdes und führen durch das diagonale Verschieben zu einem größeren Aktionsradius der Schulter, also mehr Schulterfreiheit, und damit zum zeitlich verzögerten Aufsetzen des Vorderbeins. Die Anforderungen in den Biegungen und Seitengängen müssen selbstverständlich dem Ausbildungsstand des Pferdes entsprechen. Wird es mit einem gut gemeinten „Zuviel" überfordert, wird es sich weniger lösen, sondern eher noch mehr verspannen und zur Lateralen kommen.

Unerlässlich für all diese Übungen ist es, dass das Pferd gelernt hat, sein Genick zuverlässig zu geben, das heißt es muss sich jederzeit nach links und rechts stellen lassen. Solange das Pferd in den Ganaschen fest ist, wird sich auch die Starre in der Hals- und Rückenmuskulatur nicht lösen und der Pass bleibt bestehen.

Ein Reiter, der ein Pass gehendes Pferd korrigieren möchte, muss sehr fantasievoll sein und die gymnastische Arbeit vielseitig gestalten. Passige Pferde sind häufig recht introvertiert und müssen lernen, aus sich herauszukommen, sich mehr zu präsentieren. Der Reiter muss durch kreative Arbeit an den Kopf dieser Pferde herankommen. Er muss immer wieder Reaktionen abfragen und das Pferd damit dazu bringen, geistig präsent zu sein. Stereotype Lektionen, Abspulen von Dressur-Aufgaben, lösen beim ohnehin eher in sich verkrochenem Passgänger ein Abschalten im Kopf aus. Gerade das Gegenteil wird aber benötigt. In diesem Zusammenhang ist häufig ein dynamisch und frei vorwärts gerittener Galopp sehr hilfreich. Nicht nur dass er durch das abwechselnde Dehnen und Zusammenziehen die Rückenmuskulatur löst, er setzt auch häufig die nötige Emotion für einen lockeren, stolzen, freien – eben nicht in sich verkrochenen – Viertakt frei.

Der Reiter kann auch mit dem Tempo im Viertakt spielen. Wenn er das Pferd dazu veranlasst, sich immer wieder zurückzunehmen und dann wieder kraftvoll vorzutreten, erreicht er eine Flexibilität in der Längsachse des Pferdes – sich zusammenschieben und wieder dehnen bei aktiver Hinterhand – die die Rückenmuskulatur locker hält. Bei Pferden, die wenig Tempovariationsmöglichkeiten haben, beschränken sich diese Hilfen auf unsichtbare Tempounterschiede; Sinn ist dann einzig und alleine die Reaktion des Pferdes abzufragen, nämlich ob es bereit wäre das Tempo zu verstärken oder zu verringern. Hiermit erzielt man die gleiche Wirkung.

Wenn ein Pferd im Viertakt zu spannig, zu passig wird, kann der Reiter eine kurzzeitige, entlastende Gewichtshilfe, wie sie häufig zum Antraben des Gangpferdes verwendet wird, geben und dann wieder einsitzen. Dies löst häufig die laterale Spannung auf, da das Pferd beginnt über die diagonale Trabbewegung „nachzudenken“ und damit wieder zum lockeren Viertakt findet.

Hilfreich kann es auch sein, das Reitergewicht abwechselnd nach links und rechts zu verlagern. Damit holt man den Pferderücken aus seiner Starre und macht ihn mit kleinen Schlangenlinien flexibler. Das Pferd wird sozusagen „locker geschwungen“.

Für diese Art der Arbeit mit dem passverschobenen Pferd benötigt der Reiter ein gutes Gefühl für das richtige Timing seiner Hilfengebung.

Auch durch Reiten in entsprechender Geländeformation, zum Beispiel auf unebenen Wegen mit Ästen, hohem Gras oder Schnee können laterale Tendenzen gebrochen werden. Tiefer Boden hingegen ermüdet das Pferd nur und wird damit letztendlich zu noch mehr Pass führen. Auch leichtes Bergabreiten in kontrolliertem, ruhigen Tempo ist häufig hilfreich, denn das Pferd muss seinen Beckenwinkel ändern, was die Verspannung in der Lende löst. Seine Hinterhand wird veranlasst, mehr Gewicht zu übernehmen.

Es ist auch möglich mit Gewichtshilfen zu arbeiten. Viele sensible Pferde lassen sich durch Glocken oder Ringe an der Vorhand animieren diese höher anzuheben. Außerdem wirkt sich das Gewicht der Glocken auf die Bewegungsmechanik aus, da die Fliehkraft das schwerere Bein, das heißt das Vorderbein mit Glocke, weiter vorfußen lässt als das gleichseitige Hinterbein. Damit braucht das Vorderbein länger, bis es aufsetzt, und der Pass wird zum Viertakt aufgelöst.

In diesem Sinne wirkt auch der Termino des Paso Peruano. Durch das weite Ausschwingen des Vorderbeins zur Seite und nach vorne hat es einen längeren Weg als das gleichseitige Hinterbein und setzt zeitlich nach ihm auf. Da eine „Laterallastigkeit“ des Paso Peruano gewünscht ist, müssen diese Pferde vergleichsweise langsam geritten werden. Bei zu hohem Tempo verliert sich auf Dauer der Termino und infolgedessen wird der Gang lateraler.

Tribulieren oder Wechseln

Tribulieren ist eine ausgesprochen unerwünschte Taktstörung. Die Verspannung in Rücken und Lende hat ein Niveau erreicht, in dem es dem Pferd nicht mehr möglich ist einen geregelten Bewegungsablauf beizubehalten. Ein Hinterbein bleibt für eine Bewegungsphase in der Luft. Der Reiter spürt dieses Aussetzen der Hinterhand als unangenehmes Rumpeln oder Werfen im Sattel. Durch das Tribulieren baut das Pferd kurzzeitig Spannung ab und kann zumindest für kurze Zeit den Takt wieder halten. Wenn die Ursachen nicht beseitigt werden, wird es danach erneut tribulieren.

Ein schwacher Rücken und eine schwache Lende begünstigen die Neigung zum Tribulieren. Grobe Hilfengebung, besonders durch die Hand, ist weiterhin häufig ein Auslöser. Es kann auch eine Überforderung im Tempo vorliegen oder mangelnde Koordinationsfähigkeit des Pferdes.

Die Korrektur ergibt sich aus den Ursachen: Das Pferd muss generell gelockert werden, Hinterhand und Rücken müssen gekräftigt werden. Der Reiter muss das richtige Tempo für sein Pferd herausfinden und mit vorsichtiger, eher passiver Hilfengebung agieren.

Austraben

Bei Pferden, die im Viertakt zum Trab tendieren, kann das korrekte Reiten von Übergängen zum Schritt oder Halt schwierig werden. Sobald die treibenden Hilfen verringert werden, fällt das Pferd häufig vom Viertakt in den Trab, was als „Austraben“ bezeichnet wird. Der Reiter muss sich für die Übergänge sehr viel Zeit und Wegstrecke nehmen, um das Pferd am Auseinanderfallen zu hindern. Er muss so lange langsam (graduell versammelt) weiterreiten, bis er einen harmonischen Übergang ohne Trabschritte erreicht hat. Wie lange er dafür braucht ist vorerst unwichtig. Austraben kann nur durch wiederholtes Üben dieser Übergänge korrigiert werden (siehe Kapitel „Lektionen im Viertakt“).

Austraben gilt nicht bei jeder Gangpferderasse als Fehler. Bei American Saddlebred Horses wird es beispielsweise toleriert.

Nicht-Durchhalten eines Taktes

Um Losgelassenheit zu erreichen, ist ein gleichmäßiger, strukturierter Bewegungsablauf notwendig. Ein Pferd, das dauernd seinen Takt wechselt, verändert damit auch immer seine Körperspannung. Damit kann es nicht zu einem Gleichmaß und einer gleich bleibenden Lockerheit finden. Außerdem sprechen viele praktische Gründe – nicht zuletzt ein ruhiger, bequemer Sitz – dafür, dass der Reiter das Pferd in einem gewünschten Takt halten kann. Zu diesem Zweck muss der Takt gleichmäßig über einen langen Zeitraum abgefragt und durchgehalten werden.

Bei einem jungen Pferd ist es zu tolerieren, wenn es zwischen verschiedenen Viertakt-Varianten noch fließend hin und her wechselt. Dies sollte sich aber im Laufe der Ausbildung so weit legen, dass der gewünschte Takt abrufbar und dann auch durchgehalten wird.

Verschiedene Pasoschläge und nordamerikanische Rassen wie Walker und Fox Trotter neigen zu diesen Taktwechseln. Bei Pasos kommt häufig der Wechsel zwischen gleichmäßigem Viertakt und Pasitrote (Trabtölt) vor; die Nordamerikaner verschieben gerne zwischen Walk, Tölt und Fox Trot.

Die Korrektur setzt nicht bei bestimmten Lektionen an. In aller Regel ist es am günstigsten, längere Strecken im Gelände zu reiten oder großzügige Zirkel, ganze Bahn oder auf der Ovalbahn zu reiten. Der Reiter muss sich gut konzentrieren und Taktänderungen sofort erspüren und korrigieren.

Rennpass

Der Rennpass ist eine sehr aufregende, extrovertierte Angelegenheit für das Pferd (und den Reiter). Ein Nutzen für die Gymnastizierung des Gangpferdes kann in der forcierten Vorwärtsbewegung liegen: Durch die mit dem Rennpass einhergehende Streckung des ganzen Pferdekörpers lösen sich Spannungen im Pferderükken und viele Pferde können nach einer kurzen Rennpasseinlage sehr viel freier und lockerer tölten. Beherrscht ein Pferd also den Rennpass, so ist er häufig ein gutes Mittel, um Passspannungen im Tölt aufzulösen.

Harmonisch geritten und in Maßen betrieben kann der Rennpass sinnvoll zur Lockerung des Pferdes beitragen. Isländer Hela vom Guggenberg mit Andrea Jänisch. Fotos: Schmitt

Das Rennpassreiten kann zusätzlich, nach Ausbildung der anderen Gangarten, mit dem Pferd eingeübt werden. Es sollte in Maßen betrieben werden, damit es seine lockernde Komponente behält und nicht versteifend und Muskulatur schädigend wirkt. Durch das sehr extrovertierte Wesen der Gangart Rennpass kann sie Pferde bei zu häufigem Einsatz überdreht, hektisch und verspannt machen.

Der Rennpass wird im Allgemeinen aus dem Galopp entwickelt (das Pferd in den Pass „legen“). Zum einen ist es leichter, die nötige Grundgeschwindigkeit zu erreichen. Zum anderen grenzt das Anreiten aus dem Galopp den Rennpass deutlich vom Tölt ab.

Die Hilfen gehen idealerweise vom Becken des Reiters aus. Es schwingt nicht mehr im Rechts- beziehungsweise Linksgalopp mit, sondern wird etwas fest gehalten und gleichzeitig wird das Gewicht auf die Gegenseite des Galopps (bei Linksgalopp also rechts) verlagert. Zusätzlich kann das Pferd durch eine annehmende und nachgebende Zügelhilfe auf der Hand, auf der es galoppiert (bei Linksgalopp also links) in seinen Galoppsprüngen begrenzt werden. Daraufhin wird es mit beiden Schenkeln energisch vorwärts geschickt. Perfekt gelingt das harmonische Umstellen, wenn die Reiterhand nur noch gleichmäßig Balance gebend (eventuell leicht stützend) einwirkt. Der Reiter muss darauf bedacht sein, mit seinen Hilfen genau diese Spannung im Pferd zu halten, damit es weiterhin stabil im Takt bleibt. Unterstützend wirkt eine speziell für das Renn-

Die Qualität des Rennpasses bemisst sich neben dem Takt vor allem an seiner Geschwindigkeit. Isländer Bylur de Bourbon mit Susi Fischhaber. Foto: L. Lenz

passreiten eingeübte Stimmhilfe, die das Pferd auf diesen Gang konditioniert.

Das Rennpassreiten erfordert einen sehr geübten, ausbalancierten, schnell reagierenden Reiter. Aufgrund des hohen Tempos hat er kaum Zeit seine Hilfengebung lange zu überlegen, um eventuelle Fehler zu korrigieren. Die teilweise zu beobachtende grobe Hilfengebung hat hierin leider ihre Ursache.

Es empfiehlt sich, zu Beginn nur das „Legen“ zu üben. Auf geeigneter Strecke wird das Pferd ruhig angaloppiert und nach einigen Sprüngen in den Rennpass umgestellt. Nach wenigen Metern, auf denen es nur kurz im Rennpass „angetreten“ ist, lässt man die Gangart locker, zum Beispiel über ein Stimmkommando, in den Tölt oder auch Trab auslaufen und lobt das Pferd. Dies wird so lange wiederholt, bis das Pferd sich sicher fühlt und die Hilfen verstanden hat. Bei wachsender Kraft des Pferdes können die Rennpassstrecken verlängert werden. Erst wenn das funktioniert, darf das Tempo erhöht werden.

Eine gute Trainingsgeschwindigkeit liegt etwa bei zwei Dritteln der möglichen Geschwindigkeit des Pferdes. Nur für Rennen wird gezielt die wirkliche Rennleistung trainiert.

Die Qualität des Rennpasses bemisst sich am sicheren Takt und in einem hohen Maße an seiner Geschwindigkeit. Der derzeitige Weltrekord bei den Islandpferden liegt bei 21,16 Sekunden auf 250 Meter bei stehendem Start, aufgestellt bei den Weltmeisterschaften 1999 in Deutschland. Das Pferd sollte sich „fliegen lassen“, die Sprungphase ausgeprägt sein. Das Pferd muss daher genügend Streckung im Körper und energievolle Bewegungen haben, um im Rücken nicht fest zu werden.

Fehlerhaft sind einerseits ein zu geringes Tempo, große Unsicherheit im Rennpass, nur kurzes „Liegen“ und Tribulieren. Diese Fehler weisen auf ein steifes, überfordertes, ängstliches (Angst vor den Hilfen), verspanntes Pferd hin oder auf ein Pferd mit ungenügendem Talent für diese Gangart. Andererseits kann das Pferd auch eine Galopprolle bekommen, angaloppieren oder zu viel Viertakt im Rennpass haben. Letzteres ist meist verbunden mit zu hoher Vorhandaktion, eventuell bedingt durch Gewichte oder schwere Eisen vorne, und zu hoher Haltung bei zu wenig Sprungphase. Diese Taktunsicherheiten treten vorwiegend bei Pferden auf, die nicht ausreichend Stärke haben, um für die Sprungphase Spannkraft aufzubauen und die hohe Vorhandbewegung nach vorne in mehr Tempo umzusetzen. Aus den Ursachen ergibt sich die Korrektur. Es ist entscheidend, individuell sehr genau herauszufinden, mit welcher Aufrichtungshöhe das Pferd am besten zurecht kommt. Lässt man es zu tief kommen, könnte die Hinterhand zu dynamisch und hoch werden und die Vorhand zu langsam vom Boden wegkommen (Pferd tribuliert oder galoppiert an). Ist das Pferd zu hoch eingestellt, riskiert man einen Verlust an Tempo oder eine Verschiebung zum Viertakt.

Eine für den Rennpass geeignete Strecke sollte gerade, griffig, eben, lang genug – mindestens 150 Meter – und von gleich bleibendem Bodenbelag sein, um Unsicherheiten beim Pferd zu vermeiden. Für das Pferd ist häufig eine seitliche Begrenzung, zum Beispiel ein Zaun, hilfreich, um ausbalancierter auf gerader Linie zu bleiben. Es ist für einen sicheren, geraden Auslauf zu sorgen. Wenn das Pferd in zu hohem Tempo in eine enge Kurve zum Beispiel der Ovalbahn gehen muss, hat dies neben gesundheitlichen Auswirkungen auch Angst und Verkrampfung beim Pferd zur Folge.

Im Galopp

Lektionen

Die Gymnastizierung des Gangpferdes im Galopp führt häufig ein Schattendasein. Das resultiert einerseits aus der oft mangelhaften Qualität des Galopps. Das Galoppieren fällt dem Gangpferd oft einfach körperlich schwer. Andererseits bieten die anderen Gänge dem Reiter so viele Angriffspunkte für die Weiterbildung seines Pferdes, dass die Ausbildung des Galopps rein zeitlich zu kurz kommt. Um ein Pferd im Galopp zum Beispiel in den Seitengängen gymnastizieren zu können, muss das nun meist schon ältere Pferd über ein hohes Versammlungspotenzial und koordinative Fähigkeit im Galopp verfügen. Ist dies allerdings erreicht, kann man auch dem Gangpferd Galopptraversalen und fliegende Wechsel beibringen.

Die Vorteile des Galopps (Atmung, Rückengymnastik, Emotion, siehe Kapitel „Grundgang-

Die positiven Auswirkungen des Galopps auf Atmung und Rücken können erst genutzt werden, wenn das Pferd schon relativ viertakt-sicher ist. Spotted Saddle Horse Paige´s Desperado mit Josef Holstermann. Foto: L. Lenz

arten: Galopp") können erst genutzt werden, wenn das Pferd im Viertakt schon relativ sicher ist. Beginnt man beim Gangpferd zu früh mit der Galopparbeit, fördert man die unerwünschte Galopprolle im Viertakt.

Insofern ist die Galopparbeit mit Gangpferden eine Katze, die sich in den Schwanz beißt: zu dem frühen Zeitpunkt der Ausbildung, wenn zum Beispiel die Atemtechnik dem Pferd noch Probleme bereitet und der Galopp zum Finden des Rhythmus sinnvoll wäre, ist das Reiten dieses Ganges leider häufig noch wenig opportun. Eine gute Alternative zum Reiten des Galopps ist das Training an der Longe, Doppellonge oder im Freilauf.

Ist der Viertakt mehr oder weniger gesichert, vielleicht noch nicht tempovariabel oder verbesserungswürdig in der Haltung, dann kann die Gangart Galopp ins Ausbildungsprogramm eingefügt werden.

Bevor man mit gymnastischen Übungen im Galopp beginnen kann, ist es wichtig, kultiviert angaloppieren zu können. Generell gilt: Die Qualität des Galopps nimmt zu, je langsamer angaloppiert wird. Ist die Galoppqualität an sich unbefriedigend – was beim Gangpferd häufig der Fall ist – verlegt man sich vorerst nur auf das Angaloppieren und sehr kurze Galoppreprisen. Durch die Vorbereitung in aufgenommener Gangart können die Pferde einige Galoppsprünge langsam und gut bergauf galoppieren und den Galopp halten, sie verlieren dann aber wieder die Kraft in der Hinterhand und versuchen den Verlust an Tragkraft über mehr Tempo zu kompensieren. Oft sind es daher nur wenige Sprünge; gerade so lange, wie der Galopp nicht verflacht. Mit zunehmender Routine werden die Galopp-Phasen länger auf einen Zirkel ausgedehnt. Durch die Biegung wird die Qualität des Galopps verbessert, denn sie hindert das Pferd am Auseinanderfallen und damit am Vierschlag-Galopp. Der Galopp wird im Tempo geregelter.

Neben dem Üben des Angaloppierens aus dem Schritt ist auch das Reiten von Trab-Galopp-Übergängen gymnastisch sinnvoll. Beachtet werden sollte, dass sich das Tempo im Trab nicht erhöht, da sonst der Galopp weniger geregelt ist und an Ausdruck verliert. Das Angaloppieren aus dem Viertakt ist zwar aus einer Galopprolle heraus sehr einfach, hat aber den Nachteil, die Rolle im Viertakt zu fördern, weil sie ja dann „erlaubt“ ist. Das Erarbeiten eines versammelten Galopps kann zum Beispiel durch sehr kurze Galoppreprisen von nur wenigen Sprüngen, Übergängen zum Schritt und erneutem Angaloppieren geübt werden.

Durch Freispringen kann die Galoppade des Gangpferdes verbessert werden. Gerade Pferde, die durch eine zu hohe laterale Veranlagung Probleme mit dem Galopp haben, profitieren von kleinen Gymnastiksprüngen. Durch das vermehrte Strecken der Rückenmuskulatur und die mit dem Abspringen verbundene Fußfolge kann die Lateralspannung im Rücken gelöst werden und dem Pferd so eine Idee von Galopp vermittelt werden. Wenn das Pferd einzelne Sprünge ruhig nimmt, kann man sie als „In-Out“-Kombinationen anordnen, um die Anforderungen und damit den gymnastischen Wert zu erhöhen. Das Pferd lernt dabei, sich vorne gut zu heben, und gewinnt Kraft in der Hinterhand. Sinnvoll sind auch Kombinationen mit einem Galoppsprung zwischen den Sprüngen. Je nach Abstand zwischen den Hindernissen kann man damit den Galoppsprung verändern: Macht man den Abstand beispielsweise kleiner, muss das Pferd sich im Galopp zurücknehmen, der Galoppsprung wird kürzer und damit höher. Die Anforderungen dürfen keinesfalls zu groß sein, damit Pferde, die ohnehin schon Schwierigkeiten mit dem Galopp und der Koordination haben, keine Angst bekommen oder sich verletzen.

Der Galopp ist ein sehr gutes gymnastisches Puzzleteil in der Pferdeausbildung. Insofern sollte er auch, wenn er Schwierigkeiten bereitet, in das Training des Pferdes miteinbezogen werden.

Taktfehler

Vierschlaggalopp

Der Dreitakt hat sich zum Viertakt verschoben. Die Diagonale setzt nicht mehr gleichzeitig auf, sondern das Hinterbein zeitlich versetzt vor dem diagonalen Vorderbein. Beim Vierschlaggalopp drückt sich das Pferd nicht so stark vom Boden ab. Es galoppiert sehr flach mit wenig Sprungphase.

Der Vierschlaggalopp kann gebäudebedingt sein, wenn das Pferd sein Becken nicht zur

Bergauf-Galoppaden fördern den Galopp. Töltiberer Bonitao de Cadaval mit Andrea Jänisch. Foto: L. Lenz

Kruppe abkippen kann oder sich wie zum Beispiel beim Showcanter sehr stark aus der Hinterhand hochhebelt. Auch ein zu lockerer Rücken bein einem genetisch stark ausgeprägten Tölter (siehe Kapitel „Genetik“) lässt Vierschlag im Galopp entstehen. Die Hinterhand springt nicht genug.

Vierschlag entsteht auch, wenn das Tempo im Galopp besonders langsam ist. Ab einem gewissen Versammlungsgrad entsteht der Vierschlag zwangsläufig mehr oder weniger stark, weil das Pferd sein Gleichgewicht mehr zurücknimmt. Die Hinterhand trägt das zurückgenommene Gewicht und fußt nicht mehr dynamisch ab. Dadurch verringert sich die Sprungphase.

Showcanter oder Rockingchair Canter werden ebenfalls häufig als Vierschlaggalopp realisiert. Das Tempo ist wie beim versammelten Galopp sehr langsam, das Pferd verkürzt sich jedoch nicht in demselben Maße. Seine Unterstützungsfläche bleibt größer und die Vorhand holt sogar sehr weit nach vorne und oben aus.

Vierschlaggalopp entsteht aber auch ab einer gewissen Geschwindigkeit des Pferdes (Renntempo), da das Pferd auf diese Weise noch mehr Boden gut machen kann. Auf Zielfotos aus dem Vollblutrennsport ist dies gut zu erkennen.

Je nach Ursache kann man zur Korrektur von Vierschlaggalopp das Tempo erhöhen oder verringern, um in der Hinterhand einen Sprung zu erreichen. Sinnvoll sind Cavaletti-Arbeit und Bergauf-Galoppaden.

Generell kann man sagen, dass der Vierschlaggalopp für das Pferd gesundheitlich nicht schädigend ist. Für den Reiter ist er sogar sehr bequem zu sitzen. Jedoch kommen die positiven Eigenschaften des Galopps (Rückengymnastik, Atmung) weniger zum Tragen und er ist weniger ausdrucksvoll. Besonders wenn er aus zu starkem genetischen Auflöser resultiert, ist er schwer formbar und veränderbar.

Passgalopp

Passgalopp ist eine Form des Vierschlaggalopps. Hierbei setzt die Diagonale nicht gemeinsam, sondern mit der Vorhand zuerst auf (hinten links, vorne links, hinten rechts, vorne rechts). Dieser Galopp ist extrem vorderlastig. Der Galopp ist sehr flach und kaum gesprungen. Um ihn überhaupt halten zu können, braucht das Pferd viel Tempo und neigt dazu, in den Kreuzgalopp zu springen. Qualitätvolle Biegungen sind im Passgalopp kaum zu realisieren und er ist sehr unangenehm zu reiten.

Als Ursache kann eine deutlich laterale genetische Anlage gesehen werden und ganz besonders auch eine ungeeignete Gebäudekonstellation, die ein schlechtes Gleichgewicht bedingt (überbaut, rückständig, tiefer Hals). Eine wenig bewegliche Schulter, die sich nicht heben kann oder nur gebundene Vorhandbewegung zulässt, hat ebenso Passgalopp zur Folge wie ein fester Rücken, beim dem die Lende nicht gut beweglich ist.

Die Behebung des Passgalopps ist sehr aufwändig und oft unbefriedigend im Ergebnis, da das Pferd hauptsächlich lernen muss, seine schlechte Gleichgewichtssituation zu ändern. Am einfachsten ist es, im Gelände einen leicht ansteigenden Hang hinaufzugaloppieren. Hierbei bekommt das Pferd erst einmal Vertrauen zum Galopp; die Hinterhand wird gestärkt und das zu frühe Aufsetzen der diagonalen Vorhand wird verzögert. Die nächste Stufe könnten parallel dazu sehr kurze Galopp-Reprisen in der Reitbahn sein. Dadurch lernt das Pferd weniger Tempo für den Galopp zu brauchen. Vorsichtiges Freispringen kann helfen. Wichtig ist auch, dass das Pferd vorne nicht leichter beschlagen ist als hinten. Generell wird sich die Neigung zum Passgalopp mit der fortschreitenden Gymnastizierung des Pferdes in den anderen Gangarten vermindern.

Kreuzgalopp

Der Kreuzgalopp ist ein gestörter, unharmonischer Bewegungsablauf. Das Pferd galoppiert mit der Hinterhand auf der einen Hand, zum Beispiel Linksgalopp, und mit der Vorhand im anderen Galopp, zum Beispiel Rechtsgalopp (hinten rechts, hinten links – vorne links, vorne rechts). Der Betrachter sieht ein laterales Beinpaar stehen, während das ihm zugewandte Beinpaar „dachförmig“ auseinander geht. Der Reiter fühlt den Kreuzgalopp an sehr harten, stoßenden Sprüngen und hat Schwierigkeiten in die Bewegung einzugehen. Es ist von vorrangiger Bedeutung Kreuzgalopp als Reiter oder Betrachter (zum Beispiel beim Longieren) sofort zu erkennen und zu unterbinden. Aus einem ungeregelten Bewegungsablauf entstehen nur Verspannungen und weitere Verkrampfungen.

Ursachen sind eine von Natur aus geringe Bewegungskoordination, Verspannungen in der Rücken- und Lendenmuskulatur, zum Beispiel durch Reiterfehler, oder eine gebäudebedingte Schwäche der Hinterhand oder Lende, die das Pferd durch Überspannung und Verkrampfung zu kompensieren versucht. Um Kreuzgalopp zu verhindern, muss unbedingt Aufregung und zu viel Tempo beim Angaloppieren vermieden werden. Bei diesen Pferden ist während des Galoppierens Vorsicht mit den Einwirkungen geboten. Es kann sinnvoll sein, auf großen Linien und keine engen Wendungen zu galoppieren.

Mit Skepsis im Hinblick auf ihre allgemeine Bewegungskoordination sind Pferde und Jungpferde zu beurteilen, die frei laufend häufig und ausdauernd Kreuzgalopp zeigen ohne den Versuch zu unternehmen, ihn zu korrigieren. Pferde, die hingegen nur versehentlich einmal Kreuzgalopp gehen und sich selbst korrigieren, zeigen in der Regel keine Probleme unter dem Sattel.

Valhopp (Aubin)

Je nach Ausgangspunkt der Betrachtungen ist Valhopp eine extrem ausgeprägte Galopprolle im Viertakt oder ein stark auseinander gefallener Vierschlaggalopp. Valhopp wurde früher, auch noch im 18. Jahrhundert, als kraftsparende Reisegangart genutzt.[18] Heute wird er nicht mehr geritten, entsteht jedoch bei dem einen oder anderen Pferd infolge mangelnder Kraft und Ermüdung oder bei sehr jungen Naturtöltern mit starkem Konditionsmangel.

---

[18] Zyderfeldt, Mary-Ann in: Feldmann, Walter/Rostock, Andrea-Katharina: „*Islandpferde Reitlehre*", Bonn 1989, S. 291

AUSRÜSTUNG

Es ist nicht wichtig, womit ein Pferd trainiert wird; ob man dazu einen „carrot stick“, eine Führkette, ein Greg Darnell Bit oder ein Bosal benutzt. Entscheidend ist es, das Pferd zu präziser Wahrnehmung anzuhalten. Und das sollte jeder mit den Mitteln machen, die ihm liegen. Denn mit diesen Mitteln ist er souverän und kann das Gewünschte am besten vermitteln.

Einige Ausrüstungsgegenstände haben sich bei der Ausbildung des Gangpferdes bewährt. Es ist aber nicht so, dass ähnliche Ergebnisse nicht auch mit anderer Ausrüstung erreicht werden können.

Der Kappzaum ist ein unverzichtbares Ausbildungsmittel. Foto: L. Lenz

ZÄUMUNG

Kappzaum

Der Kappzaum ist ein nahezu unentbehrliches Hilfsmittel bei der Ausbildung von Pferden. Er ist ein klassisches Ausbildungsmittel, dessen Einsatz in Frankreich, Spanien und Portugal noch heute zum Alltag gehört. Sein unbestreitbarer Vorteil ist die präzise Einwirkung auf die Pferdenase und das Genick, ohne dabei das empfindliche Maul zu beanspruchen. Der Kappzaum wirkt über den Nasenrücken direkt auf die Nackenbänder des Pferdes. Ein Pferd sollte nie (!) an der Trense longiert werden. Die Einwirkung auf das Pferdemaul über die Longe ans Gebiss ist viel zu unpräzise und hart. Beim Einsatz einer so genannte Longierbrille wird der Pferdekopf zusätzlich nach außen gezogen und das Gebiss wirkt quetschend auf den Unterkiefer. Das einzige, was das Pferd beim Longieren an der Trense lernt, ist, dass eine Bewegung des Gebisses im Maul wohl nichts zu bedeuten hat. Und das kann nicht das Ziel sein. Das Longieren am Halfter hat den Nachteil, dass es sich am Kopf dreht und dass die Longe am Kinn des Pferdes eingeschnallt ist. Damit kann die Stellung des Kopfes nicht genau abgestimmt werden.

Kappzäume gibt es in vielen verschiedenen Formen. Wichtig ist das feste Nasenteil (häufig aus Eisen, gepolstert oder ungepolstert), das den Nasenrücken des Pferdes umschließt. Der

Kappzaum muss zwei bis drei Finger unter dem Jochbein fest verschnallt werden, um die Nase wirklich führen zu können. Ein nett gemeintes „Zu locker“ wirkt sich ganz im Gegenteil sehr viel schärfer aus, weil das Nasenteil dann auf der Nase klappert. Je lockerer und je tiefer er verschnallt wird, desto schärfer und unangenehmer wirkt er.

Man braucht den Kappzaum für jede Arbeit des Pferdes vom Boden, beginnend mit dem ersten Führen über jede Form des Longierens bis zur Erarbeitung höherer Lektionen an der Hand wie Seitengängen oder Piaffe. Bei iberisch geprägten Reitweisen wird er auch zum Anreiten des Pferdes genutzt. Dann werden Zügel links und rechts am Nasenteil eingeschnallt. Im Zuge der Ausbildung wird er mit der Kandare kombiniert und beim fertig ausgebildeten Pferd fällt er später ganz fort.

Der Kappzaum sollte im Normalfalle durch Vibration oder einen kleinen Schlenker aus dem Handgelenk des Führenden zur Wirkung kommen. Im Einzelfall kann er auch mal für disziplinierende Maßnahmen eingesetzt werden. Er dient dazu, das Pferd aufmerksam zu machen, es präzise zu stoppen und vor allem ermöglicht der Kappzaum dem Führenden, die Nase des Pferdes in die Biegung oder Stellung zu bringen. So gewöhnt sich das Pferd daran, Stellung anzunehmen und Biegungen nicht in Außenstellung zu durchlaufen. Das Pferd lernt durch den Kappzaum auf feine Hilfen prompt zu reagieren.

Wer es kennt, mag es nicht mehr missen: Das kolumbianische Bosal. Foto: C. Slawik

Kolumbianisches Bosal

Wer es kennt, mag es nicht mehr missen: Das kolumbianische Bosal ist eine gebisslose Zäumung, die mit den südamerikanischen Gangpferden nach Europa gekommen ist. Es hat sich zum Anreiten und zur Korrektur von Pferden bewährt.

Es wird mit vier Zügeln geritten. Die oberen Zügel sorgen für die seitliche Abstellung des Pferdes, während das untere Zügelpaar die Beizäumung und die Höhe des Genicks beeinflusst. Das kolumbianische Bosal wird nie in Anlehnung geritten; die Zügel müssen immer

Das kolumbianische Bosal wird nie in Anlehung geritten. Paso Peruano Fauno Salteño mit Kaja Stührenberg. Foto: T. Ruthof

wieder durchhängen. Es ist eine Zäumung, die rein durch signalhafte Impulse wirkt.

Nasenteil und Kinnriemen des Bosals können aus verschiedenen Materialien gefertigt sein: aus Leder, aus Leder mit Noppen, aus Eisen, mit Macramée umwickelt, mit Rawhide-Knoten und anderem mehr. Je nach Empfindlichkeit des Pferdes muss eine passende Kombination ausgewählt werden.

Es wird so verschnallt, dass es zwei bis drei Finger unter dem Jochbein liegt. Es muss so locker sein, dass mindestens zwei Finger zwischen Pferd und Nasenteil und zwischen Pferd und Kinnriemen passen. Im Zuge der Ausbildung kann das Bosal mit der Wassertrense oder Kandare kombiniert werden. Je nachdem, ob man mehr auf die seitliche Abstellung (Oberzügel) oder die Beizäumung (Unterzügel) Einfluss nehmen möchte, wird der jeweils andere Zügel in das Gebiss eingeschnallt. Später kann das Bosal ganz entfallen. So entsteht ein sehr sanfter Übergang von der gebisslosen Zäumung zum Reiten mit Gebiss.

Wassertrense

Die Wassertrense ist bekannt und bewährt. Es gibt sie in allerlei Formen, Stärken und Materialien.

Wenn das Pferd die Grundbegriffe des Reitens verstanden hat (Geh-Steh-Wende) und im Schritt und mittlerer Gangart einen sicheren

Die Wassertrense hat sich für viele Pferde und Gelegenheiten bewährt. Foto: T. Ruthof

Takt findet, kann zusätzlich zum kolumbianischen Bosal die Trense eingeschnallt werden.

Mit der Trense wird das Pferd an eine Form der Anlehnung herangeführt. Die Wirkung der Trense liegt vor allen Dingen darin, das Pferd im Genick nach links und rechts nachgiebig zu machen.

Wenn die Trense nicht in Kombination mit dem Bosal oder dem Kappzaum geritten wird, empfiehlt sich der Einsatz eines Nasenriemens. Solange das Pferd im Genick noch nicht wirklich locker ist, reagiert es auf den Einsatz der Trense mit dem Öffnen des labil aufgehängten Unterkiefers – umgangssprachlich „Sperren“ genannt. Der Nasenriemen stabilisiert den Unterkiefer und leitet den Druck auf das Nasenbein um. Damit übernimmt er einen Teil der Funktion des Bosals oder Kappzaums.

Kandare

Mit höherem Ausbildungsgrad kann man die Trense durch eine Kandare ersetzen. Jede Form von Kandare bewirkt durch die Anzüge eine Änderung des Winkels von Kopf zu Hals, also der Beizäumung. Bei unsachgemäßem Gebrauch besteht immer die Gefahr des Einrollens, das heißt das Pferd geht hinter dem Zügel. Eine Kombination mit dem Bosal oder der Trense – Letzteres entspricht dann der so genannte Dressurkandare – bietet sich an, weil mit Bosal oder Trense mehr Einfluss auf Stellung und Aufrichtung des Pferdes genommen werden kann.

Voraussetzung für das Reiten auf blanker Kandare, also ohne Bosal oder Unterlegtrense, ist ein Pferd, das zuverlässig auf Gewichts- und Schenkelhilfen reagiert und vor allen Dingen

Eine Kombination der Kandare mit dem Bosal vereint die Vorteile beider Zäumungen. Foto: L. Lenz

Rassetypische Ausrüstung macht die Gangpferdewelt bunt und vielfältig; hier die traditionelle Zäumung eines Paso Peruano. Foto: L. Lenz

den Einsatz des Zügels am Hals zur Stellung und Schulterkontrolle verstanden hat.

Für welche Form der Kandare man sich entscheidet, hängt von der Vorliebe des Pferdes, aber auch von der Vorliebe des Reiters für rassetypische Ausrüstung ab. So findet man bei fast jeder Gangpferderasse eine typische Kandarenform.

Zügel

Ein Wort zu den Zügeln. Auch sie gibt es in allerlei Formen und Materialien. Einige Dinge sollte man bei der Auswahl berücksichtigen.

Durchmesser: Wenn die Zügel zu dick sind, zum Beispiel aus rundem, festem Seil, können sich die Finger beim Umfassen verkrampfen. Reitet man gar mit Doppelzügeln, hat man die Hände ganz schön voll. Damit sind keine flexiblen, leichten Hilfen mehr möglich. Dicke Zügel eignen sich für das vorwiegend einhändige Reiten am losen Zügel.

Länge: Zügel dürfen nicht zu kurz sein. Sie müssen immer so bemessen sein, dass dem Pferd problemlos eine Dehnungshaltung möglich ist. Es darf sich beim Abstrecken nicht am Gebiss stoßen.

Gewicht: Schwere Zügel, zum Beispiel aus dikkem, eventuell silber- oder metallbeschlagenem Leder, üben durch ihr Eigengewicht schon Druck auf das Gebiss aus. Auch der durchhängende Zügel hat dann bereits eine Wirkung auf das Pferdemaul, da leichte Vibrationen schon deutlich spürbar sind. Das muss sowohl bei der Hilfengebung als auch bei der Beurteilung von Reitweisen am losen Zügel berücksichtigt werden.

SATTEL

Ein spezieller Sattel zum Reiten eines Gangpferdes ist nicht erforderlich. Aus entsprechender Gymnastizierung lässt sich jede Viertaktvariante entwickeln, ohne dass der Reiter einen Sattel mit nach hinten verlagertem Schwerpunkt oder extrem flacher Sitzfläche benötigt.

Allerdings beschreibt das Becken des Reiters bedingt durch die Fußfolge besonders im klaren Viertakt, zum Beispiel im Tölt, Slow Gait, Singlefoot und Rack, im Sattel eine umgekehrte Achterrotation (siehe Kapitel „Sitz“). Bei zunehmendem Tempo muss der Sattel dem Becken Bewegungsfreiheit geben. Aus diesem Grunde bietet sich zum Reiten eines Gangpferdes ein Sattel an, der den Reiter nicht auf einem Punkt fixiert, sondern dessen Sitzfläche groß oder flach genug ist für Bewegungen im Sattel. Wie weit der Sattel im Einzelnen sein muss, hängt von der Bewegung ab, die das Pferd in den Rücken hineinbringt. Paso Finos mit ihren kurzen Schritten oder Paso Peruanos mit ihren sehr federnden Bewegungen übertragen wenig Bewegung auf den Rücken und können sich von daher Sättel leisten, die den Sitz etwas mehr begrenzen. Für Pferde mit großen Bewegungen, die viel Aktivität in den Rücken hineinbringen, zum Beispiel American Saddlebred Horse, Islandpferd oder Töltender Traber, empfiehlt sich zum Tölten ein flacherer Sattel, der genug Platz bietet, die Achterrotation des Beckens fließen zu lassen.

Viele Formen des Westernsattels sind für das Gangpferd geeignet. Voraussetzung ist, dass sie nicht zu sehr im Schwerpunkt definiert sind (also keine Cutting-Modelle). Das Horn kann eine flexible Handhaltung erschweren. Zu achten ist auch darauf, dass die Fender das Bein des Reiters nicht nach vorne ziehen.

Dressursättel eignen sich für das Gangpferd nur sehr bedingt. Beim Aussitzen im Trab ist es erforderlich, immer wieder auf einem Punkt im Sattel zu „landen“. Von daher haben Dressursättel einen sehr definierten Tiefpunkt mit eher enger Sitzfläche und hohem Hinterzwiesel, der die Achterrotation des Beckens einengen kann.

Springsättel sind für das Reiten im Viertakt gar nicht geeignet. Sie platzieren das Bein des Reiters zu hoch und zu weit vorne und verhindern damit einen tiefen Sitz mit langem Bein, den der Gangpferdereiter braucht.

Oben: Bei Pferden, die viel Bewegung in den Rücken bringen, bietet sich ein flacherer Töltsattel an. Töltender Traber First Step mit Ellen Vierhaus. Foto: T. Kunze

Unten: Viele Formen des Westernsattels sind für das Gangpferd geeignet. Paso Fino J.R. mit Jean-Claude Dysli. Foto: L. Lenz

Lage des Sattels

Der Sattel muss hinter der Schulter des Pferdes liegen, damit er ihre Bewegung nicht einschränkt. Er darf jedoch nicht über die Rückenwirbelsäule des Pferdes hinausgehen, da der Rücken nur dort noch von den Rippen stabilisiert wird. Die Lendenwirbelsäule ist nicht tragfähig. Von daher verbietet sich das teilweise praktizierte, weite Zurücksatteln des Gangpferdes von selbst.

HUFSCHUTZ

Jeder Beschlag oder jede Bearbeitung des Hufes hat neben der Schutzfunktion auch immer einen Einfluss auf den Bewegungsablauf und das Gleichgewicht des Pferdes. Diese Form der Hilfe für das Pferd ist vor allem durch recht extreme, amerikanische Trainingsmethoden in die Kritik geraten. Berechtigt wird eine derartige Form der Manipulation kritisiert. Man sollte sich nicht verführen lassen, Takt und Ausdruck der Bewegungen durch technische Hilfsmittel zu erreichen. Diese Ziele sind mit etwas Geduld auch zu erreiten und man vermeidet damit gesundheitliche Risiken für das Pferd.

Solange es jedoch eine Hilfe im eigentlichen Sinne des Wortes bleibt, nämlich eine kurzzeitige Unterstützung der gymnastizierenden Arbeit, damit das Pferd leichter in eine andere Form des Gleichgewichts findet, kann ein Einfluss auf den Huf des Pferdes sinnvoll sein. Vor diesem Hintergrund sollen die Grundprinzipien hier kurz erläutert werden.

Passtendenzen

Möchte man sehr stark lateral geprägte Gänge Richtung Viertakt auflösen, muss man dafür Sorge tragen, dass die Vorhand nicht mehr annähernd zeitgleich mit, sondern nach der gleichseitigen Hinterhand auffußt. Werden die Vorderhufe also beschlagen oder mit Glocken beschwert oder mit leichten Gummiringen animiert, wird die Vorhand weiter oder höher angehoben als zuvor – sie macht einen längeren Weg – und setzt dementsprechend später auf. Der Pass wird gebrochen.

Trabtendenzen

Möchte man hingegen ein stark diagonal veranlagtes Pferd zu mehr Viertakt fördern, muss man im umgekehrten Sinne agieren: Das Pferd müsste hinten schwerer beschlagen oder mit Glocken oder Ringen ausgerüstet werden, damit die Hinterhand einen längeren Weg beschreibt und nicht mehr zeitgleich mit der diagonalen Vorhand auffußt, sondern erst danach. Die Diagonale des Trabes wird dadurch gebrochen und der Gang verschiebt sich Richtung Viertakt. Aufgrund der Gliedmaßenwinkelung der Vorhand und der fehlenden knöchernen Anbindung der Schulter an die Wirbelsäule (kein Schlüsselbein) reagiert die Vorhand sehr viel empfindlicher auf Veränderungen als die Hinterhand. Die Hinterhufe sind vor allem durch einen großen Gewichts- oder Beschlagsunterschied zu den Vorderhufen beeinflussbar.

Leichte Gummiringe an der Hinterhand können gegen Trabverschiebungen helfen. Foto: T. Ruthof

AUSWAHL EINES GANGPFERDES

Bei der Anschaffung eines Gangpferdes gilt es einige Kriterien zu berücksichtigen, die beim Kauf eines anderes Pferdes weniger ins Gewicht fallen. Natürlich muss sich der Kaufinteressent über den Verwendungszweck, Charakter, Temperamt, Größe und anderes eine Meinung gebildet haben. Hierbei können Züchter und Ausbilder verschiedener Gangpferderassen sinnvoll beraten. Neben diesen Auswahlkriterien sollte der Kaufinteressent sein Augenmerk aber auch auf die Beantwortung zwei ganz anderer und höchst selten gestellter Fragen richten:

- Mit wem möchte ich auf jeden Fall gemeinsam reiten können?
  Mit dem Ehepartner oder bestimmten Freunden?
- In welchem Gelände werde ich vorwiegend reiten?

Warum das so wichtig ist? Die Beantwortung dieser Fragen kann bei der Wahl eines Gangpferdes viel dazu beitragen, die Freude am Pferd zu erhalten.

Schrittlänge und Bewegungsfrequenz
Fallbeispiel: Ein Ehepaar hat sich zwei Paso Finos gekauft, eine Stute aus einer Classic Fino Linie, also mit eher kurzen, hochfrequenten Schritten, und später einen Wallach mit Paso Largo, dem schnelleren, raumgreifenderen Tölt der Paso Finos. Auf gemeinsamen Ausritten muss der Ehemann mit dem Wallach häufig auf seine Frau warten, da ihr Pferd bei gleicher Frequenz natürlich viel weniger Raumgriff und Tempo hat. Aufgrund des wiederholten Durchparierens, Wartens, neu Antöltens fühlt sich der Wallach mehr und mehr gestresst, er beginnt gegen die Hand zu gehen, verspannt sich, tribuliert und wird passig. Bei jedem weiteren Ausritt verstärken sich diese Tendenzen und die Freude am Gangpferd schwindet.

Hintergrund: Aus der Schrittlänge und der Bewegungsfrequenz resultiert das Grundtempo eines Pferdes. Jedes Pferd hat daher ein bevorzugtes Tempo, in dem es taktklar und mühelos eine gewünschte Gangvariante halten kann. Es muss erst durch sorgfältige Ausbildung lernen, dieses Tempo nach oben und nach unten zu variieren, ohne dabei an Takt und Rittigkeit zu verlieren. Wird ein Pferd ständig zurückgehalten oder ständig getrieben, um sich dem Tempo seiner Mitreiter anzupassen, so reagiert es häufig mit Stress, Verspannungen, Takt- oder Anlehnungsfehlern.

Bis ein Pferd gelernt hat, seine Geschwindigkeit zu variieren, sollte es daher nur in Begleitung von Pferden mit ähnlichem Grundtempo geritten werden, oder die anderen Pferde müssen sich anpassen.

Trabende Begleiter
Fallbeispiel: Die Besitzerin eines Paso Peruano Wallachs geht häufig mit ihrer Freundin, die einen Warmblüter reitet, auf Wanderritte. Nach einiger Zeit merkt sie, dass ihr Pferd immer häufiger aus dem Tölt in den Trab fallen möchte.

Hintergrund: Die Erfahrung zeigt, dass Pferde sich gegenseitig beobachten und auch nachahmen. Sie spüren, sehen und hören den Takt eines mitlaufenden Pferdes. Diese Tatsache kann

Passen verschiedene Gangpferde in Schrittlänge und Bewegungsfrequenz zueinander? Töltiberer (Lusitano) He-Xeno mit Kaja Stührenberg; Paso Fino Bochica de Arrebol mit Andrea Jänisch.
Foto: L. Lenz

man sich beim Eintölten eines Pferdes zunutze machen, indem man mit einem routinierten Tölter zusammen reitet. Es kann sich jedoch auch nachteilig auswirken, wenn ein Pferd noch nicht taktsicher genug ist, aber häufig von einem sicher trabenden Pferd begleitet wird. Je nach seiner Veranlagung wird der Tölter den Zweitakt in Form von Trab oder – im ungünstigeren Falle – als Pass „nachahmen". Der Tölter lernt also einen nicht gewünschten Bewegungsablauf oder seine Töltsicherheit lässt nach.

Keinesfalls sollte aus diesen beiden Faktoren abgeleitet werden, dass Tölter nur mit gleichrassigen Töltern zusammen geritten werden können. Auch innerhalb einer Rasse unterscheiden sich Bewegungsfrequenz und Schrittlänge der Pferde (siehe erstes Fallbeispiel). Ein Gangpferd kann mit jedem anderen – auch trabenden – Pferd zusammen geritten werden, aber erst, sobald es in seinem Gang taktsicher und tempovariabel ist.

Eigentlich unterscheidet sich das Gangpferd in dieser Hinsicht nicht allzu sehr vom dreigängigen Pferd. Die potenziellen Schwierigkeiten äußern sich nur beim Gangpferd deutlicher, da es seine Gänge verschieben und mischen kann („Gangsalat"). Ein Dreigänger mit gleicher Problematik wird vielleicht schlechten Trab gehen, er wird jedoch immer noch Trab gehen.

Geländeformation

Fallbeispiel: Ein Reiter hat sich einen gut ausgebildeten, isländischen Viergänger mit viel hoch-weiter Bewegung gekauft. Er reitet mit ihm im heimischen Gelände, wo es sehr bergig und die Wegbeschaffenheit eher schwierig ist. Seinem eigentlich sicheren Tölter fällt es zunehmend schwerer einen gleichmäßigen Viertakt zu behalten. Immer häufiger verschiebt er sich zum Trab.

Hintergrund: Wer sich ein Gangpferd für das Reiten im Flachland anschaffen möchte, ist in seiner Wahl relativ frei. Wer jedoch viel in schwierigem Gelände reitet, zum Beispiel bei Wanderritten, sollte bei der Wahl seines Pferdes darauf Rücksicht nehmen.

Bergiges Gelände mit häufigen Steigungen und Gefällen, mit steinigen, wurzeligen, unebenen, häufig wechselnden Bodenverhältnissen oder kurvigen, schmalen Pfaden, verlangt nach einem Pferd, das sein Gangmaß den Erfordernissen flexibel anpassen kann. Tölter mit sehr großen Hebeln in der Hinterhand und entsprechend viel Raumgriff sind daher im Nachteil. Sie können ihr Gleichgewicht häufig nicht schnell genug umplatzieren, das heißt ihre Schrittlänge zurücknehmen oder erweitern, um sich dem wechselnden Gelände anzupassen. Dadurch findet das Pferd keinen stabilen Takt; das Reiten wird kraftraubend und im schlimmsten Falle verspannend.

Auch die Länge der Töltstrecken im Gelände sollte berücksichtigt werden. Wenn der Reiter alle paar Hundert Meter wieder durchparieren muss, weil ein steiler Abhang, eine scharfe Kurve oder schlechter Boden dies erfordern, so kann das Pferd zu keinem stabilen Takt finden. Sobald es sich eingelaufen hat, wird es schon wieder zurückgenommen.

Als flexibel und damit taktstabil und bewegungsökonomisch haben sich Pferde mit weniger raumgreifenden und eher diagonal geprägten Gangvarianten, zum Beispiel Trocha, Batida und Fox Trot, erwiesen.

NACHWORT

Noch eine kleine Geschichte zum Schluss.

Ein Reiter hatte sich in ein Pferd verliebt und es gekauft, das – ganz ehrlich gesagt – weder mit einem besonders schönen Gebäude noch mit einem besonders netten Charakter noch mit einer guten Gangverteilung gesegnet war. Im Klartext: Es war überbaut, mit kurzem, tief angesetztem Hals und fester Lende, es war unkooperativ und launisch und es zeigte auf zehn Metern fünf verschiedene Gänge ... Wenn auch nicht beim Kauf, so doch kurze Zeit darauf wurde sich der Reiter dieser Problematiken durchaus bewusst. Er war sehr engagiert, bildete sich fort, besuchte Kurse und Seminare, las Bücher und führte Fachgespräche. Und doch stieß er mit diesem Pferd natürlich immer wieder an Grenzen. Fortschritte stellten sich ein, aber doch recht gering und langsam. Eines Tages wurde er von einigen Mitreitern gefragt, ob er nicht manchmal frustriert sei oder mal ein anderes Pferd reiten wollte, und er antwortete: „Keinesfalls. Dieses Pferd hat sich vorgenommen, mir das Reiten beizubringen."

Wir müssen vom Pferd lernen; nur dann kann es von uns lernen! In diesem Sinne stellt uns jedes Pferd vor neue Fragen und vor neue Herausforderungen. Solange wir unseren Geist dafür offen halten wirklich zu sehen und wirklich zu fühlen, beschreiten wir zumindest einen möglichen Weg. Wer wirklich reiten lernen möchte, der lernt sein Leben lang.

GLOSSAR

Absolute Aufrichtung:
Aufrichtung des Halses steht nicht in Relation zum Beckenwinkel; sie entsteht nur über die Hand

Ambladura:
Passgang, Passtölt

Amble:
nordamerikanisch und altfranzösich für Pass

Andadura:
südamerikanisch: Tölt-Veranlagung mit Passtendenz

Animated Walk:
sehr kurzer, eiliger, kurz vor dem Antraben oder Antölten stehender, nicht versammelter Schritt, kein Siegeln

Aubin:
auseinander gefallener Vierschlaggalopp oder Tölt mit extremer Galopprolle, siehe Valhopp

Auseinander fallen:
das Pferd hat eine große Unterstützungsfläche, es tritt mit der Hinterhand nicht unter sich, ist nicht beigezäumt, hat keine Hankenbeugung

Außengalopp:
das Pferd galoppiert auf der linken Hand im Rechtsgalopp oder umgekehrt

Beizäumung:
das Pferd gibt im Genick nach, seine Stirnlinie nähert sich der Senkrechten

Bergziege:
Übung, bei der das Pferd im Stehen die Hinterhand der Vorhand so weit wie möglich annähert

Biegung:
das Pferd ist in seiner gesamten Längsachse gebogen

Bodenweit:
die vorderen beziehungsweise hinteren Beinpaare des Pferdes gehen dachförmig auseinander

Bosal:
gebisslose Zäumung

Brio:
südamerikanischer Ausdruck für Arbeitswille, gepaart mit Sensibilität, Energie, Leistungsbereitschaft und Präsentation; Beurteilungskriterium für Paso-Pferde

Bügeln:
fehlerhaftes Vorführen der Vorderbeine in Halbkreisform aus dem Vorderfußwurzelgelenk heraus

Canter:
sehr langsamer, ruhiger Galopp bei nordamerikanischen Gangpferden

Classic Fino:
Bezeichnung für einen bestimmten Pasopferdetyp und dessen Bewegungsart: hochfrequenter Tölt mit sehr geringem Raumgriff

Dehnungshaltung:
das Pferd dehnt Kopf und Hals vorwärts-abwärts, die Rückenlinie wölbt sich auf, die Hinterhand tritt weit unter

Diagonale Verschiebung:
der Gang entwickelt sich Richtung Trab, diagonales Beinpaar stützt länger als das laterale

Diagonale Zweibeinstütze:
das linke Hinterbein und das rechte Vorderbein (oder hinten rechts und vorne links) stehen gleichzeitig auf dem Boden

Doublen:
muskeldehnende Biegeübung (siehe Flexen)

Dreibeinstütze:
das Pferd stützt sich mit drei Beinen gleichzeitig ab

Dreierfußung:
drei Beine des Pferdes haben Bodenkontakt, stützen aber nicht unbedingt

Dressur:
Abrichtung zu einem bestimmten Verhalten

Durchtrittigkeit:
das Fesselgelenk des Pferdes federt in der Stützphase sehr weit nach unten

Einbeinstütze:
das Pferd stützt sich mit einem Bein am Boden ab, zum Beispiel im Tölt, im Galopp

Figure Eight:
in Form einer Acht gerittene Figur, Durchmesser zwei mal drei Meter, Prüfungsteil bei südamerikanischen Töltern

Fino Strip:
hölzerner Vorführsteg, vor allem benutzt um den Takt zu hören

Flat Foot Walk:
schnelle Bewegung in Schrittfußfolge, zum Beispiel beim Tennessee Walker, Spotted Saddle Horse oder Missouri Fox Trotter

Flexen:
muskeldehnende Biegeübung des Halses

Flugphase:
siehe Sprungphase

Fox Trot:
zum Trab verschobener Viertakt beim Missouri Fox Trotter

Fußfolge:
die Reihenfolge, in der die Hufe auffußen

Galope:
sehr kurzer Galopp beim Troton Galopero (Kolumbien)

Galopprolle:
Taktfehler im Viertakt, Rennpass oder Trab, ein Bein greift zu weit nach vorne aus

gebrochener Trab:
entspricht Trabtölt, Fox Trot, Marcha Batida, Trocha; die Diagonalen des Trabes setzen nicht mehr annähernd zeit-

gleich auf, sondern die Vorhand einen Moment vor der diagonalen Hinterhand, das heißt der Zweitakt des Trabes wird zum Viertakt „gebrochen“

gebunden:
muskulär fest, unbeweglich, wenig freie Bewegungen, dadurch passverschoben, lateral, häufig kurze Gänge, meist mangelnde Schulterfreiheit

geschlossen:
das Pferd ist zusammengestellt, es tritt mit der Hinterhand unter, zäumt sich bei, es ist graduell versammelt, es verkleinert seine Unterstützungsfläche, Gegenteil von auseinander gefallen

Gymnastizierung:
Bewegungsschulung

Hankenaktion:
das Pferd winkelt die Hinterhand deutlich nach oben an, charakteristisch für Classic Fino Pferde

Hankenbeugung:
das Pferd winkelt die Hinterhand in Becken-, Knie, Sprung- und Fesselgelenk, Bestandteil der Versammlung

Head Nod:
rhythmisches Kopfnicken im Walk beim Tennessee Walker

Head Shake:
rhythmisches Kopfnicken im Walk und Fox Trot beim Missouri Fox Trotter

Hockaction:
siehe Hankenaktion

Huachano:
Pass bis Passtölt verschiedener Pasoschläge

Impulsion:
Vorwärtswillen und Bewegungsdrang; nach N. Oliveira: Je mehr man den Raumgriff und die Schnelligkeit beschränkt, umso deutlicher muss die Impulsion zunehmen. Keine Impulsion ohne Kadenz.

Kadenz:
Erhabenheit, Rhythmus, Takt der Gänge, Regelmäßigkeit der Bewegungsfolgen

Kadenziert:
erhaben, rhythmisch, mit deutlich ausgehaltener Schwebephase

Kreuzgalopp:
Taktfehler im Galopp: Vorhand im Linksgalopp und Hinterhand im Rechtsgalopp oder umgekehrt

---

Laterale Verschiebung:
der Gang entwickelt sich Richtung Pass, laterales Beinpaar stützt länger als das diagonale

Laterale Zweibeinstütze:
das linke Hinterbein und das linke Vorderbein (oder hinten rechts und vorne rechts) haben gleichzeitig Bodenkontakt

Levade:
das Pferd übernimmt sein gesamtes Körpergewicht auf die Hinterhand und erhebt sich mit der Vorhand, höchste Form der Versammlung

---

Marcha:
portugiesisch und brasilianisch für Viertakt-Gangart
Marcha Batida:
zum Trab verschobener Viertakt beim Mangalarga Marchador

Marcha Media:
leicht zum Trab verschobener Viertakt beim Mangalarga Marchador

Marcha Picada:
klarer Viertakt (Tölt) oder leicht zum Pass verschobener Viertakt beim Mangalarga Marchador

Modalidad:
spanisch und südamerikanisch für Eigenart, Typ, Schlag

Nodding:
rhythmisches Kopfnicken im Walk

Palo:
südamerikanisch für Longierpfosten

Pasitrote:
zum Trab verschobener Viertakt beim Paso Peruano und anderen südamerikanischen Gangpferden

Paso:
spanisch und südamerikanisch für Schritt, Gang, auch gleich bedeutend mit Tölt oder anderer Viertaktgangart; auch Rassebezeichnung für südamerikanische Gangpferde

Paso Corto:
Arbeitstempo Tölt bei verschiedenen Paso-Schlägen

Paso Largo:
schnelles Tempo Tölt bei verschiedenen Paso-Schlägen

Paso Llano:
klarer Viertakt (Tölt) beim Paso Peruano

Passage:
sehr langsamer Trab mit ausgeprägter Schwebephase

Pass:
laterale Zweitakt-Gangart

Passgalopp:
Vierschlaggalopp, bei dem die Diagonale nicht zeitgleich auffußt, sondern das Vorderbein vor dem diagonalen Hinterbein

Passtölt:
Überbetonung der lateralen Zweibeinstütze im Tölt

Phasenfolge:
Reihenfolge der Stützphasen in einer Gangart

Piaffe:
höchst versammelter Trab (annähernd) auf der Stelle

Pisos:
südamerikanische Sammelbezeichnung für verschiedene Gangarten

---

Quickness:
Schnelligkeit der Bewegungsfrequenz, Beurteilungskriterium für Trocha und Classic Fino

---

Rack:
starkes Tempo Tölt bei nordamerikanischen Gangpferden

Relative Aufrichtung:
Aufrichtung, die sich in Relation zu vermehrtem Senken der Hinterhand und Hankenbeugung ergibt

Rennpass:
im Renntempo ausgeführter Pass mit Sprungphase

Renvers:
Seitengang, das Pferd ist in Bewegungsrichtung gebogen

Reprise:
ein Moment in der Reiterei

Rockingchair Canter:
Schaukelstuhlgalopp, langsamer Galopp, bei dem sich das Pferd vorne weit erhebt; bei nordamerikanischen Gangpferden

Running Walk:
sehr schneller, weiter Gang in Schrittfußfolge, rassetypisch beim Tennessee Walker oder Missouri Fox Trotter, kommt auch bei anderen Rassen vor

---

Schulterherein:
Seitengang, das Pferd ist entgegen der Bewegungsrichtung gebogen

Schulterkontrolle:
durch das Anlegen des Zügels an den Hals des Pferdes wird seine Schulter entsprechend der Bewegungsrichtung platziert

Schwebephase:
das Pferd berührt für einen Moment mit keinem Bein den Boden (Flugphase)

Seitengänge:
das Pferd bewegt sich vorwärts-seitwärts, dazu zählen Schulterherein, Konter-Schulterherein, Kruppeherein (Travers), Renvers, Traversalen

Setzen, ein Pferd setzen:
das Pferd auf die Hinterhand bringen, es graduell mehr versammeln, die Hinterhand entwickelt mehr Tragkraft als Schubkraft

Showcanter:
langsamer Galopp mit hoher Vorhandbewegung beim Missouri Fox Trotter

Schließen:
das Pferd mehr zusammenstellen, verkürzen, graduell versammeln

Siegeln:
das Pferd tritt mit dem Hinterhuf in den Abdruck des gleichseitigen Vorderhufes

Singlefoot:
langsamer Tölt bei nordamerikanischen Gangpferden, zum Beispiel beim Missouri Fox Trotter

Skala der Ausbildung:
Phasen in der Ausbildung des Pferdes, die aufeinander aufbauen: 1. Takt, 2. Losgelassenheit, 3. Anlehnung, 4. Schwung, 5. Geraderichten, 6. Versammlung

Slow Gait:
langsamer Tölt beim nordamerikanischen Gangpferd, zum Beispiel American Saddlebred Horse

Sobreandando:
Passtölt beim Paso Peruano

Sprungphase:
das Pferd berührt für einen Moment mit keinem Bein den Boden (siehe Flugphase, Schwebephase)

Stellung:
seitliches Nachgeben des Pferdes im Genick

Stepping Pace:
Passtölt bei nordamerikanischen Gangpferden, meist mit hoher Vorhandaktion, zum Beispiel beim Missouri Fox Trotter

Streichen:
das vorschwingende Bein schlägt gegen das stützende Bein

Stützphase:
das Pferd stützt sich mit ein bis drei Beinen am Boden ab

Takt:
das räumliche und zeitliche Gleichmaß der Bewegungen

Termino:
aus der Schulter nach außen rollende Vorhandbewegung beim Paso Peruano, züchterisch erwünscht

Thieldon:
lateinisch für töltbegabtes Pferd; heute als Paso Iberoamericano bekannt

Tölt:
gleichmäßiger Viertakt in acht Phasen

Trabtölt:
Überbetonung der diagonalen Zweibeinstütze im Tölt

Travers:
Seitengang, das Pferd ist in Bewegungsrichtung gebogen

Tribulieren:
Taktfehler, der durch Verspannung und laterale Verschiebung entsteht

Trocha:
Trabtölt bei verschiedenen Paso-Schlägen

Trochador:
kolumbianische Zuchtrichtung, ein Pferd, das Trocha geht

Trote:
südamerikanisch Bezeichnung für Trab mit kaum ausgeprägter oder ohne Sprungphase

Troton Galopero:
kolumbianische Zuchtrichtung: ein Pferd, das Trote und Galope geht

---

Valhopp: auseinander gefallener Vierschlaggalopp oder Tölt mit extremer Galopprolle

Vierschlag-Galopp:
Galopp im Viertakt, bei dem die Diagonale nicht zeitgleich auffußt, sondern das Hinterbein vor dem diagonalen Vorderbein

---

Wechseln:
siehe tribulieren

Walk:
schneller Gang in Schrittfuß- und Schrittphasenfolge

Zweibeinstütze:
das Pferd stützt sich mit zwei Beinen gleichzeitig ab

ZUM WEITERLESEN

Albrecht, Kurt: *Meilensteine auf dem Weg zur hohen Schule*, Hildesheim 1999

Albrecht, Kurt: *Dogmen der Reitkunst*, Hildesheim 1996

Albrecht, Kurt: *Reiterwissen*, Stuttgart 1996

Baucher, Francois: *Methode der Reitkunst*, Nachdruck von 1884, Hildesheim 1998

Bennett, Deb: *Conquerors – The Roots of New World Horsemanship*, Amigo Publications, Solvang (USA) 1998

Dietze, Susanne von: *Balance in der Bewegung*, Warendorf 1999

Feldmann, Walter/Rostock, Andrea-Katharina: *Islandpferde Reitlehre*, Bonn 1999

Guérinière, Francois Robichon de la: *Reitkunst*, Nachdruck von 1817, Hildesheim 1999

Hinrichs, Richard: *Tänzer an leichter Hand*, Wedemark 1994

Hinrichs, Richard: *Pferde schulen an der Hand*, Stuttgart 1999

Karl, Philippe: *Hohe Schule an der Doppellonge*, München 1996

Karl, Philippe: *Reitkunst*, München 2000

Kellner, Katja/Wimmer, Gereon: *Zwischen Losgelassenheit und Spannkraft. Besser Reiten mit Yoga.*

Lyons, John/Browning, Sinclair: *Pferde Training ohne Zwang*, München 1999

Meyners, Eckart: *Bewegungsgefühl – das innere Auge des Reiters*, Düsseldorf 1996

Oliveira, Nuno: *Klassische Grundsätze der Kunst Pferde auszubilden*, Hildesheim 1996

Oliveira, Nuno: *Junge Pferde, junge Reiter*, Hildesheim 1997

Oliveira, Nuno: *Notizen zum Unterricht*, Hildesheim 1998

Oliveira, Nuno: *Gedanken über die Reitkunst*, Hildesheim 1999

Oliveira, Nuno: *Ratschläge eines alten Reiters an einen jungen Reiter*, Hildesheim 1999

Oliveira, Nuno: *Erinnerungen eines portugiesischen Reiters*, Hildesheim 2000

Over, Uta: *Zäumungen und Gebisse*, Cham 1997

Pluvinel, Antoine de: *L´instruction du Roy*, Nachdruck von 1670, Hildesheim 1989

Richtlinien für Reiten und Fahren, Band 1 und 2, Warendorf 1997

Ridinger Pferdestiche, Nachdruck von 1760, Bayreuth

Schäfer, Michael: *Die Sprache des Pferdes*, Stuttgart 1993

Schäfer, Michael: *Handbuch Pferdebeurteilung*, Stuttgart 2000

Schirg, Berthold: *Die Reitkunst im Spiegel ihrer Meister*, Band 1 und 2, Hildesheim 1987

Solinski, Sadko: *Reiter, Reiten, Reiterei*, Hildesheim 1993

Solinski, Sadko: *Das Gymnasium des Freizeitpferdes*, Hildesheim 1991

Solinski, Sadko: *Das ABC des Freizeitreiters*, Hildesheim 2000

Steinbrecht, Gustav: *Das Gymnasium des Pferdes*, Lüneburg 2001

Swift, Sally: *Reiten aus der Körpermitte*, Cham 1995